「視点」の違いから見る
日英語の表現と文化の比較

開拓社
言語・文化選書
75

「視点」の違いから見る
日英語の表現と
文化の比較

尾野治彦 著

開拓社

は し が き

　まず，本書のタイトルである『「視点」の違いから見る　日英語の表現と文化の比較』について，いくつか説明を付け加えさせていただきます。当初予定していたタイトルは，『「認知」の違いから見る「絵本」「映画ポスター」「文化」』というものでした。ただこれでは，「絵本」と「映画ポスター」があまりに際立ってしまい，「絵本論」，「映画ポスター論」とも読めてしまうということと，「認知」という語から専門的なイメージが連想されてしまうということから，一般の人にとってより親しみやすい現在のようなタイトルにしました。とは言え，内容的には，「絵本」と「映画ポスター」が扱われているところに，本書の大きな特色があると言えます。

　そこで，多数の例文が引用されている「絵本」について説明させていただきますと，これは，筆者が，勤務校の北海道武蔵女子短期大学の「専門ゼミナール」で，絵本を題材として「原作と翻訳の対比から探る英語らしさと日本語らしさ」のテーマで授業を行っているためで，絵本の用例が多いのはそのためです。「やがて」や「〜かける」の用法は，授業や，学生の「卒業研究」の指導の中で見いだしたものです。

　絵本と一般の小説は，どちらも同じ日本語なのですが，絵本の日本語は，より始原的・根源的なものと思われ，一般の小説には見られない用法があります。本書でふれている「紙芝居的手法」は，その一つとも言えるものです。もちろん，本書で用いられている例文は絵本からのものだけではなく，一般の小説の用例も多数用いられていますが，本書での絵本からの用例数は，総用例数の約6割を占めていますので，絵本からの例文は類書にない特色と言うことはできると思います。

　次に，「映画ポスター」ですが，言語学関係の書籍の中で，映画

ポスターのタイトルや画像について，「場面内視点」・「場面外視点」の「視点」の違いの観点から論じられているのは，おそらく，本書が初めてではないかと思われます。「映画ポスター」の画像とタイトルが，オリジナル版と日本語版でかなり違うことは，筆者が映画ファンであった学生時代の頃から長らく気になっていたことです。（ちなみに，本書で取り上げられている映画ポスターにはかなり昔の年代のものがありますが，これは，筆者の回顧趣味の表れのためだけではなく，古い年代のものには，日米の違いがより表れているものが多いためです。）このテーマについては，以前，勤務校の紀要に，「日英語の映画のタイトルにおける表現の違いをめぐって──「感覚のスキーマ」と「行為のスキーマ」の観点から──」（『北海道武蔵女子短期大学紀要』第36号（2004））という論文を書いたことがありましたが，本書では，「事態把握」の観点から，画像についての考察を新たに付け加えました。画像の比較については，文化心理学という関連分野での，増田（2010）の『ボスだけを見る欧米人 みんなの顔まで見る日本人』（講談社）には大いに啓発されました。

次に，「文化」ですが，「言語と文化」のテーマについては，本シリーズをも含めて，多くの研究成果があり，このテーマ自体に，何ら目新しさはありません。ただ，本書では，類書にはないテーマも扱われています。たとえば，「未練」の概念が生じるのはなぜか，日本人が「天才型」よりは「努力型」を好むのはなぜか等について，「事態把握」の観点から考察しました。なお，本書の第7章でたびたび引用している大石（2015）『国土が日本人の謎を解く』（産経新聞出版）は，出版された当時，書店に山積みされていた一般書でたまたま入手したものでしたが，大いに役立ったことは付け加えておきたいと思います。

類書にはない本書の特徴について述べてきましたが，結果的には，学問的というよりは，かなり，筆者の個人的に関心のあるテーマについての本となってしまったかもしれません。このことから，本書のカテゴリー分けとしては，学術書と言うよりはむしろ一般書

の部類に入り，読者層としては，「絵本」や「映画ポスター」，「文化」の日英比較に関心のある，一般読者層になるかと思われます。その意味で本書は，本シリーズの「言語・文化選書」の企画内容である「日本語・英語を中心とした様々な言語や文化についての興味深い事柄をテーマとして取り上げ，その研究成果を平易に解説する。読者にとって，言語学・言語研究がより身近なものとなるよう，その楽しさや面白さを広く伝えることをめざしたい」という趣旨には十分応えることができたのではないかと密かに思っております。ちなみに，本書の3部構成についてですが，本書の中核をなす第 II 部の「日本語「知覚体験表現」の諸相」は，やや専門的な内容となっていますが，一般の読者層も目指して書いた第 III 部の第6章の「映画ポスター」，第7章の「文化」は，第 I 部，第 II 部とは独立した内容となっていますので，第 III 部だけを読むということも十分可能です。

　今まで述べてきたことが本書の特徴ということになりますが，もうひとつ，どうしても，この「はしがき」で述べさせていただきたいことがあります。それは，本書を書くことに至ったいきさつです。ここにも，きわめて，個人的なことが関わっています。

　濱田英人氏が，2016 年に本シリーズから，『認知と言語──日本語の世界・英語の世界』という本を出版されました。（ちなみに，本書のタイトルである『「視点」の違いから見る……』の「視点」は，氏の『認知と言語』において重要な概念である「場面内視点」「場面外視点」の「視点」からとったものです。）濱田氏は筆者の勤務校の非常勤講師をしており，時たま筆者の研究室に立ち寄る間柄ということもあって，筆者は，『認知と言語』の原稿を，他の誰よりもいち早く眼を通すという得難い機会を得ることができました。

　氏の本が出版されますと，今度は，筆者に本シリーズで本を執筆してみたらどうかとあまりにも大胆すぎる提案をしてきました。当初は，こちらにその気はさらさらなく，濱田氏流の外交辞令と丁重

viii

にお断りしていたのですが，度重なる氏の真摯な誘いかけに，こちらも，ついつい引き込まれ，いつの間にやら，濱田氏の提案を受け入れていました。もちろん，今となってみれば，濱田氏の提案を受け入れて，ほんとによかったと思っています。

　ただ，氏は，本書の出版のみならず，本書の内容についても生みの親である，と付け加えておかねばなりません。というのも，本書の根幹を成す「事態把握」についての理論的バックボーンは，『認知と言語』で提示されている氏のアイデアに基づくものだからです。氏は，日本語と英語の「事態把握」の違いは，日本語は，「知覚と認識が融合した認知」による認識，英語は「メタ認知」による認識であるとしました。本文中でもふれましたが，自分が長らく疑問に思っていたことは，「大和言葉は観念と余情の複合体」（大津（1993b））であるとしても，日本語の「余情」部分は一体どこからくるのか，逆に，なぜ英語には「余情」がないのか，ということでした。「余情」は，まさに，日本語の根幹とも言えるものだからです。筆者のこの疑問は，日本語は，「知覚と認識が融合した認知」とのテーゼで，一気に氷解したような気がしました。もちろん，このような日本語の特徴については，氏の説が初めてではなかったのかもしれませんが，自分にとっては，『認知と言語』の出版を待たなければならなかったということです。「知覚と認識が融合した認知」か，それとも「メタ認知」かという強力な武器でもって，日英語，日英文化の比較について考察したのが本書です。その意味で本書は濱田理論の応用編と言えるかもしれません。

　この点については，さらに付け加えておくべきことがあります。本書の原稿がほぼ出来上がった時点で，濱田（2017）「脳内現象としての言語──日本語の感覚・英語の感覚の根源的基盤──」（『函館英文学』56 号，函館英語英文学会）と濱田（2018）「脳内現象としての言語──認知と言語のメカニズム──」（『ことばのパースペクティヴ』開拓社）の原稿に目を通すことができましたが，この二つの論文には衝撃を受けました。と言うのも，この論文によれば，「脳内現象」に

よって，本書でもたびたび取り上げている日英語の「コト志向」「モノ志向」のかなり部分についての説明が可能となるからです。しかし，考えてみれば，日本語の「コト志向」，英語の「モノ志向」は，その根源が脳のどこかにあるとするほうがむしろ自然であり，逆に，もしそうでないとしたら，それこそ，「コト志向」「モノ志向」は，単に日英語の一般的な傾向にしか過ぎず，一体，その源はどこにあるのか，ということになってしまいます。ただ，濱田氏のこの2つの論文については，本文中ではふれずに，もっぱら注でふれることにしました。

　以上のことから，本書は，いわば，二重の意味で，濱田氏との出会いがなかったならばこの世に存在することはなかったものです。濱田氏には，多忙の合間を縫って本書の原稿に目を通していただき，懇切丁寧な助言もいただくことができました。濱田氏には感謝の気持ちでいっぱいです。この場を借りて，心からお礼を申しあげたいと思います。開拓社の川田賢氏への紹介も，濱田氏のご配慮によるものでした。本書の出版に踏み切っていただいた川田賢氏には甚大なる感謝の念を申し上げたいと思います。

　今，ひたすら気になっていることは，本書が，はたして，濱田氏の大胆すぎる提案に値するものであったか，ということです。ただ，本書が濱田氏の『認知と言語』（2016）を，より一層，世に知らしめるのに，ささやかながらも貢献することができたことは確かなことであり，それだけでも，本書の出版の意義は十分にあったのではないかと思っています。

2018 年 2 月 10 日
雪まつり開催中の札幌にて
尾野　治彦

目　　次

はしがき　*v*

第 I 部　「体験的把握」と「分析的把握」

第 1 章　「体験的把握」と「分析的把握」 ………………………… *2*

1.1.　はじめに
　　──「体験的把握」・「分析的把握」と「場」の関わり合い──　*2*

1.2.　「コト志向」・「モノ志向」と「プロセス志向」・「結果志向」　*4*

1.3.　事態把握の表れとしての画像　*7*

1.4.　事態把握と文化の関わり合い　*11*

第 II 部　日本語「知覚体験表現」の諸相

第 2 章　「視覚体験」に関わる表現 ………………………… *14*

2.1.　はじめに　*14*

2.2.　「見」が含まれる表現　*14*

　2.2.1.　「見える」　*14*

　2.2.2.　「見ると」と「見て」　*19*

　2.2.3.　「見る見る」と「目の前」　*21*

　2.2.4.　「見」が含まれるその他の表現　*23*

2.3.　「顔」　*26*

　2.3.1.　「顔」の「体験名詞」としての用法　*26*

　2.3.2.　対応する英語表現に face がない用法　*26*

　2.3.3.　「顔」と対応する英語表現のデータ　*30*

　2.3.4.　〈顔〉を表すその他の表現　*31*

　　2.3.4.1.　「面」　*31*

x

2.3.4.2.「色」　*32*

　2.4.「姿」　*33*

　2.5.　まとめ　*37*

第3章　「時・事象の推移の体験」に関わる表現 ……………… *38*

　3.1.　はじめに　*38*

　3.2.　認識の原点としての「イマ・ココ」　*38*

　3.3.　「時」の推移表現　*42*

　　3.3.1.「なる」　*42*

　　3.3.2.「やがて」と英語の対応表現　*43*

　　　3.3.2.1.「やがて」はどのように英訳されているか　*43*

　　　3.3.2.2.　どのような英語表現が「やがて」と訳出されているか

　　　　　　　　　　　　　　　　　　　　　　　　　　　　44

　　　3.3.2.3.「やがて」が英訳されない場合　*46*

　　　3.3.2.4.「やがて」が日本語訳に新たに付け加えられた場合

　　　　　　　　　　　　　　　　　　　　　　　　　　　　46

　　　3.3.2.5.「やがて」と対応する英語表現のデータ　*47*

　　　3.3.2.6.『こころ』における「やがて」の英訳をめぐって　*48*

　3.4.　「事象」の推移表現　*50*

　　3.4.1.　類像性の原理における日英語の比較──平面性と立体性──
　　　　　　50

　　3.4.2.「S1 と，S2」と英語の対応表現　*51*

　　　3.4.2.1.「S1 と，S2」と "When S1, S2" が対応する場合　*51*

　　　3.4.2.2.「S1 と，S2」と "S1, but S2" が対応する場合　*52*

　　　3.4.2.3.「S1 と，S2」と "S1 to do S2" が対応する場合　*53*

　　　3.4.2.4.「S1 と，S2」と "S1 until S2" が対応する場合　*54*

　　　3.4.2.5.　日本語の S「コト」と英語の N「モノ」が対応する場
　　　　　　　　合　*55*

　　　3.4.2.6.　本節のまとめ　*56*

　3.5.　時・条件・理由を表す副詞節の生起位置の比較　*56*

　3.6.　「紙芝居的手法」　*58*

　3.7.　まとめ：「時の流れ」の方向性に係わる日英語の語法の相違　*60*

xii

第4章 「感覚・感情体験」・「共感体験」に関わる表現 ……… 63
　4.1. はじめに　63
　4.2. 「感覚・感情体験」　64
　　4.2.1. 「～そうに」「～ように」　64
　　4.2.2. オノマトペ　67
　　4.2.3. 主人公と語り手の「共通感覚体験」　70
　　4.2.4. 「感情体験」──「びっくりした」「驚いた」──　74
　4.3. 「直接話法」と共に用いられる「伝達動詞」と「感情表現」　79

第5章 「プロセス体験志向」と「結果分析志向」……………… 84
　5.1. はじめに　84
　5.2. 「続く」「ている」「つぎつぎと」
　　　──「進行・継続」のプロセス体験──　85
　　5.2.1. 「続く」　86
　　5.2.2. 「ている」　89
　　5.2.3. 「つづいて」「つぎからつぎへ」「つぎつぎに」　94
　5.3. 「～かかる／かける」「～ようとする」「～そうだ」「～ところ」
　　　──「瞬時」のプロセス体験──　97
　　5.3.1. 「～かかる／かける」　98
　　5.3.2. 「～ようとする」　100
　　5.3.3. 「～そうだ」　103
　　5.3.4. 「～ところ」　105
　　5.3.5. まとめ　107
　5.4. 「途中」　110

**第 III 部　「事態把握」の違いからみた
日米の「映画ポスター」と「文化」**

第6章 事態把握の表れとしての映画ポスター ……………… 116
　6.1. はじめに　116

xiii

6.2. オリジナル版と日本版映画ポスターの背景画像の有無の違い
　　　　　　　　　　　　　　　　　　　　　　　　　　117
6.3. オリジナル版と日本版映画ポスターのタイトルの違い　*122*
6.4. オリジナル版と日本版映画ポスターのメッセージの違い　*129*
6.5. 映画ポスターにおける事態把握のまとめ
　　　──画像と言語表現の関わり合い──　*131*

第7章　事態把握のあり方と文化の関連性をめぐって ……… *137*

7.1. はじめに　*137*
7.2. 〈見え〉と文化の関わりあい　*138*
　　7.2.1. 「視覚」が関わる文化現象　*138*
　　7.2.2. 「視覚型文化」と行動様式　*141*
7.3. 日本語のコミュニケーションと人間関係　*143*
　　7.3.1. 会話における「共同注意」　*143*
　　7.3.2. 日本語表現の「情意性」　*144*
　　7.3.3. 日本語コミュニケーションに対する井出（2006）と池上・
　　　　　守屋（2009）の見解　*145*
　　7.3.4. 日本語コミュニケーションに対する西部と芳賀の見解
　　　　　146
　　7.3.5. 「集団文化」と「個人文化」　*148*
　　7.3.6. 日本語の自己を表す表現と「自己観」と「道徳観」　*153*
7.4. 「プロセス志向」と文化　*157*
　　7.4.1. 「プロセス志向」・「結果志向」と文化の関連性　*157*
　　7.4.2. 「プロセス志向」と「道」──日本人はなぜ,「天才型」よりも
　　　　　「努力型」を好むのか──　*159*
　　7.4.3. 「プロセス志向」としての「時の流れ」　*162*
　　　　7.4.3.1. 「時の流れ」における「瞬間」へのこだわり　*162*
　　　　7.4.3.2. 「時の流れ」としての「数の流れ」　*164*
7.5. 「コトの感覚体験」と「未練」　*167*
7.6. 体験的把握と文学　*172*
　　7.6.1. 文学における「四季」と「場所」へのこだわり　*172*
　　7.6.2. 日本文学における抒情性と共感性　*173*

xiv

7.7. 日本人と自然　　*176*

7.8. まとめ——「場」へのこだわりと「共感」——　　*180*

引用文献 ……………………………………………………………… *185*

索　　引 ……………………………………………………………… *201*

初出一覧 ……………………………………………………………… *208*

第Ⅰ部

「体験的把握」と「分析的把握」

第1章 「体験的把握」と「分析的把握」

1.1. はじめに
──「体験的把握」・「分析的把握」と「場」の関わり合い──

　日英語の事態把握の違いについては，池上（2004, 2005）の「主観的把握」「客観的把握」，中村（2004, 2009）の「I モード」「D モード」の名称がよく用いられるが，本書では，あえて「体験的把握」「分析的把握」という新たな語を用いる。この名称のほうが日英語表現の実態により即した命名であると思われるからである。[1]

---

　[1]「体験的把握」「分析的把握」の名称の根拠については，本章の注 6 も参照されたい。「分析的把握」については，正しくは，「概念的・分析的把握」と言うべきであろうが，以下，「分析的把握」という語を用いる。

　また，本書での「体験的把握」と「分析的把握」の概念は，廣瀬（2016）の「三層モデル」での「状況把握層」と「状況把握と状況報告が一体化した層」に，それぞれ対応すると考えられる。廣瀬は日本語と英語について，「私的自己中心の日本語では，通常，状況把握が状況報告および対人関係から独立している。したがって，状況把握においては，話し手は自由に状況の中に身をおき，状況内から状況を捉えることができ」（廣瀬（2016: 336））るのに対し，「公的自己中心の英語では，通常，状況把握と状況報告が一体化し，それに対人関係の層が付加される。状況把握と状況報告が一体化するということは，状況を報告する状況外の視点が優先されることであ（る）」としているが，「体験的表現」とは，話し手が「自由に状況の中に身をお」いて発せられた表現であり，「分析的表現」とは，「状況

第1章 「体験的把握」と「分析的把握」　　3

　この事態把握の違いに直接に関わってくるのが，濱田（2011，2016）が提唱した「場面内視点」と「場面外視点」における「場」の存在である。本書での「体験的把握」とは，「知覚感覚的把握」のことであるとも言えるが，この事態把握は，「場」が存在して初めて可能となるのである。[2]

　換言すれば，現実の事象に対する「知覚感覚体験」は，「視点」が現実の時間と空間のある「場」にあってこそはじめて可能となるということである。一方，「分析的把握」においては，「視点」が現実の時間と空間のある「場」にはなく，よって，「場」のない概念世界が把握対象となることから，日本語におけるような，「場」での「知覚感覚体験」は存在しないということになる。[3]

　濱田（2016）は，本書での日本語の事態把握である「体験的把握」を「知覚と認識が融合した認知」による認識，英語の事態把握である「分析的把握」を「メタ認知」による認識とした。この捉え方は，

――――――――――――

を報告する状況外の視点が優先され」た表現と言える。

[2] 岡（2013: 65-66）は，「英語では，主体の論理が強く，主体は場に独立した形で存在する。それゆえ，言語構造としては主語を必要とし，事態の基本型はスル型（主体－対象－他動詞），事態把握としては，主体が場の外から見る客観的把握である。一方，日本語では，場所の論理が強く，主体は場に依存して場に埋め込まれた形で存在する。それゆえ，言語構造としては主語を必要とせず，事態の基本型はナル型，事態把握は場の中に視点を持つ主観的把握である。」としている。

[3] 念のためではあるが，現実の物理的な客観世界から得られる知覚的刺激は，日本人であれ，欧米人であれ，同じものである。しかし，我々が言語化の対象とするのは客観的な物理世界のモノや事態ではなく，目の網膜を通して脳内に取り込まれ，ニューロンの発火によって脳内に生じたモノや事態の表象であり，この表象の脳内での処理が異なるため，日本語と英語ではその言語化のメカニズムが異なるのである。日本語は表象を左脳で処理するので，表象が「場」に埋め込まれているように認識し，「知覚感覚体験」をするが，英語は右脳で処理してから左脳で言語化するので，表象は，「場」の「見え」ではなく，メタ認知された概念世界となり，よって，「知覚感覚体験」は背景化されるということになる。（濱田英人氏との2018年2月1日のpersonal communicationによる。）

日本語と英語の事態把握の本質により迫ったものであり，本書でも，以下，この濱田の枠組みに従うが，「知覚と認識が融合した認知」による認識の意味において，「体験的把握」・「知覚体験」，また，文脈に応じて，「知覚感覚体験」・「コト的把握」等の語も用いることにする。

1.2. 「コト志向」・「モノ志向」と「プロセス志向」・「結果志向」

「体験的把握」と「分析的把握」という事態把握の違いは，日英語表現の根幹に関わるものであるが，本節では，例として二つだけ取り上げておきたい。

まずは，次の例である。

(1) a. 道で泣いていた子供を助けてやった。[4]
('I helped a child who was crying in the street.')
b. 道で子供が泣いていたのを助けてやった。
('I helped that a child was crying in the street.')

(Ikegami (1991: 296))

(1a)，(1b) は，それぞれ，「モノ志向」，「コト志向」とされている例であるが，論理的な表現は (1a) であるのに，論理に違反しているはずの (1b) の表現も用いられることについては，日本語では「コト的把握」[5]が好まれるためと説明されてきた。では，「コト的把握」とは何かということになるが，これは，「場」における「知覚体験による把握」であるということになる。すなわち，最初にある認

---

[4] なお，例文 (1) の原文はローマ字である。

[5] コトは，「太郎さんのコトを好きなのね」のような場合にも用いられる。確かに，この場合，「太郎さんを好きなのね」よりも自然な日本語である。では，なぜ，コトがつくと自然な日本語になるのかということであるが，コトがつくことによって，「場」に存在する人間としてのニュアンスが生じ，それによって，認識主体の感覚体験的な把握のニュアンスが生じるためと思われる。

識は，（1a）のような「泣いている子供」というモノの認識ではなく，あくまで，（1b）のような「道で子供が泣いている」という「場」における「コト的事象の知覚的認識」なのである。[6] すなわち，日本

---

[6] 岡（2013: 63）は，「場所の論理では，あるのは動的な現実であり，その現実は，物によって構成されているのではなく，事によって作られていると考える。本来は「こと」があり，この「こと」を分析的に見ることによって，初めて「もの」が見えてくるのであって，その逆ではない。物を中心とする世界観はモノ的世界観であり，事を中心とする世界観はコト的世界観である。」としている。

また，小笠原（2006: 47）は，「「モノ」は，経験共有の必要性がなく，主観性を排除するがゆえに，誰にとっても同じ客観的な情報，つまり固定的なリアリティである。」のに対し，「コト」は，「対象との経験共有が前提であり，主観性を排除することはできない。ゆえに，「コト」は誰にとっても等価な客観的情報ではありえない，変動的なアクチュアリティなのである。」と述べている。

本書の理論的基盤となっているのは濱田（2016）であるが，濱田（2017）の「脳内現象としての言語——日本語の感覚・英語の感覚の根源的基盤——」では，日英語の事態把握の違いを「右脳」と「左脳」の「脳内現象」の違いによるものとし，日英語の事態把握の違いのより根源に迫った論考となっている。この濱田の論考では，「日本語話者が「見えているまま」を言葉で表現するのは，知覚された状況を主に左脳で処理するからである……。それに対して，英語話者は知覚された状況を右脳でメタ認知処理をしてから左脳で言語化するので，自分を自分で観ている感覚が生じる。」（濱田（2017: 55））としている。この「見えているまま」の把握が，日本語の「コト的世界観」の源になっていると考えられ，本書での，「日本語においては「コト的事象の知覚的認識」がまず最初にある」との記述に根拠を与えることになると思われる。一方，英語の「モノ的世界観」には，「英語話者は知覚した事態を右脳で客体化し，視覚空間的に捉えて言語化するためイメージ化しやすい」（濱田（2017: 57））ということが関わっていると考えられる。と言うのは，この「イメージ化しやすい」ということが，「事態全体の中のどこを切り取るかに際して，我々がもっている一般的な認知能力である Figure/Ground 認知が活性化する」（濱田（2017: 54））ということにつながるからである。すなわち，英語の「モノ的世界観」は，「眼前の状況を均質に観ているのではなく，何らかの要因によって，その状況のどこかに意識を向ける」（濱田（2017: 54））という「Figure/Ground 認知」によるものであるということである。と言うことは，日本語の「コト的世界観」・英語の「モノ的世界観」には，「脳内現象」からの裏付けがあるということになる。

本章の1.3節でふれる（3）の肖像画や第6章でふれる映画ポスターの日米比較

語が「コト的」であるとされるのは，日本語表現の基本となる事態把握のスタンスが，「場」での「コト的事象」に対する「知覚体験」であるということに他ならない。日本語の特徴としては「臨場的」ということもよく言われるが，現場での「知覚感覚的なコト的把握」は，必然的に「臨場的」な性質を帯びるものなのである。

二つ目は，「プロセス志向」と「結果志向」の違いとして指摘される次の例である。

(2) a.　燃ヤシタケレド，燃エナカッタ[7]
    b.　*I burned it, but it didn't burn.　　　　　(池上 (1981: 266))

(2a) と (2b) の容認性の違いに関わってくるのが，「現場の一瞬」を捉えることができるかどうかについての「体験的把握」と「分析的把握」の違いである。つまり，具体的な「場」においては，現場の「時」が流れており，当然，発話時での「今の一瞬」も存在する。よって，日本語では，現場における一瞬の「燃やす」というプロセ

において，欧米のものが「画面全体に占める人物の比率が大きい」のは，「Fig-ure/Ground 認知」の活性化によるものということになる。

日本語の事態把握である「知覚と認識が融合した認知」(濱田 (2016)) の根底には，上で引用した「日本語話者が「見えているまま」を言葉で表現するのは，知覚された状況を主に左脳で処理する」ということがあると考えられる。本書での記述は，主に，濱田 (2017, 2018) ではなく，濱田 (2016) に基づくものとするが，注においては，濱田 (2017, 2018) についても言及する。

ちなみに，「見えているまま」とは「体験するまま」ということでもあり，本書の「体験的把握」の名称に根拠を与えることになると思われる。一方，「Figure/Ground 認知」においては，客体視された事象を分析することになり，本書の「分析的把握」という名称にも根拠を与えることになると思われる。

この濱田の見解は，上で述べた岡の「コト的世界観」，「モノ的世界観」にも，根拠を与えることになると思われる。

言語や文化の差異の源泉を脳に求める論考は，すでに，「このロゴス的な発想とパトス的な発想の源泉は，結局，人間の心の座である脳にたずねるほかないのではなかろうか」との藤本 (1993: 229) にも見られる。

[7]　(2a) と (2b) の違いについては，野村 (2002: 52) も参照されたい。

スが存在しさえすれば、その後に、「燃える」という結果が生じなくても何ら問題にはならず、よって (2a) は文法的な文となる。また、この場合、「燃やす」という行為はたとえ「一瞬」であっても、あくまで、「場」における「コト的事象」であると言え、その意味では、「プロセス志向」も「コト志向」として捉えられよう。しかし、英語の「分析的把握」では、「場」がないため、「場」での「一瞬」は存在せず、'burned' という語の使用は、最終的な結果までを意味することになり、後半に "it didn't burn" が続く (2b) は矛盾したことを表すため容認されない。

つまり、(1b) の「コト志向」、(2a) の「プロセス志向」という特徴は、どちらも、「場」における「体験的把握」、すなわち、「知覚と認識が融合した認知」による認識という事態把握から生じるものなのであり、日本語表現には、「知覚体験的」な特徴が根底にあるということになる。

第 II 部では、「日本語知覚体験表現の諸相」として、さまざまな知覚体験による表現について論じてみたい。

1.3. 事態把握の表れとしての画像

事象に対する事態把握の違いは、言語表現だけに限られるのではない。

まず、次の (3) は肖像画であるが、背景がどのように捉えられるかにおいて、文化における違いが表れている。

(3) a. b.

増田 (2010: 114) は、(3) について、「東洋の肖像画は、画面全体に占める人物の比率が小さいことになる。逆にいえば、これによって人物が背景の中に入り込んでいるという効果を得ることができる。それに対して欧米の肖像画は、画面全体に占める人物の比率が大きい。」と述べている。[8]

今度は、次の画像を見てみよう。これは、ある人の「笑顔の度合い」を判断する際に、周りの空気からの影響のされ方を調査した心理学実験である (増田 (2010: 85-88))。

(4) a.  b.

(以上、増田 (2010))

(4a) では、中心の人物は笑顔を見せており、残りの人物も同じように笑顔を見せている。つまり、表情が中心と周辺で一致している場合である。一方、(4b) の中心の人物は笑顔を見せているのだが、周辺の人物は怒りの表情を見せている。つまり、表情が中心と周辺で一致していない場合である。

しかし、その調査結果は、おそらくは予想されたような仕方で、日本人とアメリカ人に差がでた。実験に参加した日本人は、中心の人物の感情を判断するにあたり、背景の人の表情に影響されてしまった。これに対して、アメリカ人の場合は、背景の人が怒っていようが笑っていようが、周辺人物の表情からは、何ら影響を受けなかったというのである (増田 (2010: 86-88))。まさに、「ボスだけを見る欧米人　みんなの顔まで見る日本人」なのである。[9]

---

[8] このことについては、先の注6を参照されたい。

[9] 濱田 (2017) の「脳内現象」の説によれば、図 (4a) と (4b) に対する、日英語話者の反応の違いについては、次のような説明が可能となる。まず、日本語話

第1章　「体験的把握」と「分析的把握」　　9

　(3a) と (3b) の違いと (4b) の画像の「笑顔の度合い」の解釈の違いは，どちらも，背景情報の関わり方にあると思われるが，増田は，これらの違いを「包括的思考様式」と「分析的思考様式」の違いによるとしている。[10] 要するに，日本人は，場面全体を「包括的」に捉えているのに対し，欧米人は「分析的」に捉えているということである。この「包括的」と「分析的」という表現はあくまで「文化心理学」での用語であるが，この分け方は，先にもふれた池上 (2004, 2005) の「主観的把握」「客観的把握」，中村 (2004, 2009) の「I モード」「D モード」と重なると思われる。

　さて，「主観的把握」「客観的把握」の違いは，次のように図示される。[11]

者は，「見えているまま」で判断するので (4b) においては背景にいる怒った人をも考慮に入れることになり，その結果，中心にいる人物の「笑顔の度合い」は低くなる。一方，英語話者は，「Figure/Ground 認知」によって，中心人物だけに焦点を当てることになるので，背景画像には何ら影響されることなく，「笑顔の度合い」は，(4a) と (4b) で同じであるということになろう。

[10] (4) の図のテストと同じようなものとして，右の絵を見た後，どのような絵だったかについて説明してもらう「ミシガン・フィッシュ課題」がある。日本人の答えは，「藻などが生えている池のようなところで」と，まず背景を述べたあとに，「魚が三匹泳いでいます」と魚に言及するパターンが主流で
あったが，アメリカ人の答えは，「三匹の魚がいて，一匹は大きかった」など，中心の目立った魚について言及する傾向があったということである (増田 (2010: 5-7, 68-69))。

　この違いの理由についても，上の注9と全く同じ説明が可能である。まず，日本語話者が背景を最初に述べるのは，日本語表現の基本となる事態把握のスタンスが，画像全体を「見えているまま」に把握するという「知覚感覚的なコト的把握」によるものである。一方，英語話者が，中心となる目立った魚について言及するのは，「Figure/Ground 認知」によって，中心となるモノに焦点を当てるためということになろう。

[11] この図は，深田・仲本 (2008: 93-96) による。なお，この図での MS は Maximal Scope（概念化の対象となっているすべてのものを含む）を表し，IS

(5) a.　（主観的把握）　　　　b.　（客観的把握）

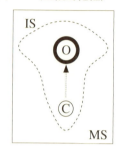 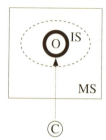

文化心理学での「包括的思考様式」が背景情報を取り入れるということは、「主観的把握」の (5a) の図式において、概念化者 C (Conceptualizer) は IS の内側にあるということに平行すると考えられる。しかし、「みんなの顔まで見る日本人」ということは、また同時に、「みんなに見られる日本人」でもあるということでもあるのであるが、(5a) の図は、そのようなイメージを表しえないのが難点と言える。

本書では (5a, b) に代わるものとして次の図を提案したい。[12]

(6) a.　体験的把握　　　　　　b.　分析的把握

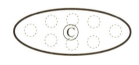 

(6a) であれば、「みんなの顔まで見る日本人」のイメージのみなら

は Immediate Scope（MS の中でプロファイルされているものを最も直接的に特徴づける直接領域）、C は Conceptualizer（概念化者）を表す。

[12] (6a) と (6b) の図は、山梨 (2000: 77) にある〈統合的スキーマ〉〈離散的スキーマ〉の図を参考にしたものである。

ず，「みんなに見られる日本人」のイメージも表し，(6b) であれば，「ボスだけを見る欧米人」のイメージも表すということになろう。[13]

　(3) と (4) の図での (a) と (b) の背景情報の違いについては，関連するトピックとして，第 III 部第 6 章，「事態把握の表れとしての映画ポスター」で論じてみたい。さらに，(6a) と (6b) の図については，第 7 章の 7.3.5 節での「集団文化」と「個人文化」でもふれることにする。

1.4.　事態把握と文化の関わり合い

　「体験的把握」「分析的把握」による違いは，文化の違いにも及んでいると考えられる。たとえば，吉村 (2008) は，学習の出発点に当たる次の三つの初等教科書，(7a) 英語，(7b) 中国語，(7c) 日本語の例をあげ，「母語の香り，あるいは「好まれる」事態把握」について論じている。

(7) a.　See Dick run. See Dick play. See Dick run and play.
　　b.　兄は弟の面倒を見ます。兄は弟を愛しています。弟は兄を愛しています。
　　c.　ともだち，ともだち，だれでも　ともだち……
　　　　みんなでそらみて，ヤッホー

(吉村 (2008: 23))

吉村 (2008: 23) は，(7a) が「個人の行為を客観的に観察した表現」であるのに対して，(7b) は「人間関係（兄弟愛）を描いている」とし，さらに，(7b) と (7c) の違いについて，「(7c) は人間関係

---

[13] このことについては，さらに，第 7 章 7.3.5 節の (10a) と (10b) の図を参照されたい。また，(6a) は，「場面内視点」における「見えているまま」の認知，(6b) は，「場面外視点」における「Figure/Ground 認知」にも対応する図であると考えられる。

を描く点では中国と同じだが，違っているのは親族ではなく集団内の共感を描く点である」としている。確かに，(7c) には，(7b) にはない「日本語の香り」が感じられるが，「集団内の共感」が，なぜ「日本語の香り」に通じるのだろうか。このことは，日本社会の集団志向と欧米社会の個人志向にもつながるテーマである。

また，日本人は，「転がる石には苔がつかない」ということわざは，移動することに対してマイナスの評価を表す意味で用いているように思えるが，これはなぜなのだろうか。また，大衆芸能での歌謡曲の一ジャンルとしての演歌においては，「未練」という語がよく用いられるがこれはなぜなのか。

このような文化的な日米の違いについても，事象に対する「体験的把握」，「分析的把握」が関わっている可能性について第 III 部第 7 章で考察してみたい。[14]

なお，本書の内容は，池上（2000, 2009, 2011）等で論じられている，言葉と文化の〈相同性〉の現象につながるトピックでもあると考えられる。

---

[14] 「脳内現象」の違いは，旧約聖書と古事記の創生の物語の違いということにも関わっている可能性があるかもしれない。大津（1993a: 19）は，「聖書は初まりの初まりから，天地が存在する前の無のときから説くが，古事記では天地は初めから存在している。……とにかく，古事記に現われている世界観は，世界は存在しているということをまず前提として認めた世界観である。われわれ日本人にとって，存在するものの始まりや起源はどうでもいい，あるいは，たいして興味のないことなのである。」と述べているが，「天地が存在する前の無のとき」のイメージには，英語話者の「知覚された状況を右脳でメタ認知処理」するプロセスが必要になってくるのではないだろうか。一方，大昔の「見えているまま」を語る日本人にとって，「天地が存在する前の無のとき」をイメージすることは，思いもつかなかったことだったのかもしれない。

第 II 部

日本語「知覚体験表現」の諸相

第2章 「視覚体験」に関わる表現

2.1. はじめに

　日本語の知覚体験的な事態把握においては，まずもって，「視覚」による把握が重要な役割を果たしていることは言うまでもないと思われる。事実，池上・守屋（2009: 47）には，「「事態」は感覚の約8割と言われる視覚に拠った比喩的な言い方，すなわち目に映った「見え」にほぼ重なると言うことができる。」との記述がある。

　「場面内視点」での体験的な事態把握においては，「視覚」による把握が最も優位にあるとすれば，「視覚」に関わる表現が多いことは当然予想できることになる。本章では，そのような「視覚」表現の事例について見ていきたい。

2.2. 「見」が含まれる表現

2.2.1. 「見える」

まず，次の例を見てみよう。

(1) a.　Then I <u>saw</u> a big lady standing there.
 b.　太ったおばさんがいたの。　　　　　　（本多 (2005: 157)）

(2) a.　You can't <u>see</u> the streets for people.

b. どの道にも人があふれている。 （本多（2005: 159））

（1），（2）は本多（2005）からの引用であるが，本多（2005: 159）によれば，これらの英文と日本文の違いは，「知覚した事物の見えをそのまま記述した（したがって知覚者および知覚という出来事はエコロジカル・セルフとして捉えるにとどめ，言語表現としてはゼロ形のままにとどめている）のが日本語の例であるのに対して，視座の移動により知覚者としての自己および知覚という出来事を対象化して視野の中に捉えて明示的に表現しているのが英語の例である」ということになる。

　もっとも，本多（2005: 160）は，（2b）は（3）のように，「見える」を用いて，「出来事としての知覚だけを対象化して表現することも可能である」としている。つまり，英語の see に対し，「見える」が現れる場合もあるとしている。

（3）　どの道にも人があふれているのが<u>見える</u>。

（本多（2005：160））

　要するに，（1），（2）の例における日本語と英語の違いについては，知覚主体と知覚行為がゼロ表現として現れる日本語と，知覚者と知覚行為が表現される英語の表現上の違いという図式で捉えられるということであるが，その一方で，（1b），（2b）の視覚行為がゼロ表現の事例とは異なって，（3）のように，「見える」が現れる場合もあるということである。

　本多は，（3）の日本語の「見える」が現れた表現を，あくまで，（2a）の英語の知覚者と知覚行為が現れた英語表現との関連において捉えているようであるが，ここで問題にしたいのは，まさにこの点についてである。つまり，（2a）の see と（3）の「見える」を関連づけてよいのだろうかということである。

　たとえば，次の例を見てみよう。（4）は「見える」が生じた日本語原文に，英訳として see とその相当表現が現れている場合，逆

に（5）は see が現れた英語原文に，「見える」の日本語訳が現れている場合である。

(4)　近づくにつれ欝蒼と樹々に覆われたこの島の崖に波がぶつかり砕けているのが<u>見える</u>。　　　（遠藤周作『侍』: p. 126)

As they drew nearer, they <u>could see</u> the waves beating and breaking against the cliffs of the densely forested island.　　　（*The Samurai*: p. 89)

(5)　When the Little House <u>saw</u> the green grass and <u>heard</u> the birds singing, she didn't feel sad any more.

（V. L. Burton, *The Little House*: p. 37)

みどりのくさが　みえてきました。とりのうたも　<u>きこえ</u><u>ます</u>。ちいさいおうちは，もうすこしも　さびしくありませんでした。　　　（『ちいさいおうち』: p. 37)

これらは，表面的には，英語での知覚主体と知覚行為の see を表す表現が，日本語では知覚主体がゼロ形で，知覚行為 see が「見える」に変わっているだけの違いのようにも思えるが，「見える」と see の知覚行為にはきわめて重要な違いがある。たとえば，（4）について言うならば，対応する英語表現では，過去の時点における主語の視覚行為を表しただけであるが，日本語原文では，語りの現場における主人公の視覚体験を表していると同時に，語り手の視覚体験をも表しているということである。そうであるとすれば，（4），（5）に現れた「見える」は，（2b）や（4），（5）での see の相当表現としてではなく，日本語表現の特徴である事態把握の際における「視覚体験」として捉えたほうが，この種の表現の本質を捉えたものと言えるのではないだろうか。

　次の日本語原文とその英訳を比べてみよう。

(6)　そとは月あかりで，かなりとおくのものまで見えます。

（かやのしげる『アイヌとキツネ』: p. 12)

The moon was bright and lit the area for quite a distance.

(*The Ainu and the Fox*: p. 12)

(7) ずっと　おくに，あおじろい　ひかりが　みえてきました。

(中川李枝子『ぐりとぐらのかいすいよく』: p. 19)

There, at the very end of the crevice, something glows in the dark. (*Guri and Gura's Seaside Adventure*: p. 19)

(8) カムパネルラの頬は，まるで熟した苹果のあかしのように うつくしくかがやいて見えました。

(宮沢賢治『英語で読む銀河鉄道の夜』: p. 86)

Campanella's cheeks glistened with the colour of a ripe apple. (『英語で読む銀河鉄道の夜』: p. 87)

Campanella's cheeks were aglow with the beautiful red flush of a ripe apple. (*Night Train to the Stars*: p. 35)

(9) 薄汚れた窓越しに，埃っぽい風景が見える。

(乃南アサ『凍える牙』: p. 78)

Takizawa was sitting in a window seat, jiggling his leg and staring moodily out the window, beyond which lay a dusty landscape. (*The Hunter*: p. 44)

これらは，「見える」が現れた日本語表現の例であるが，これに対応する英語表現には，知覚者と知覚行為は何ら表れていない。つまり，これらの例は，先に引用した，本多（2005: 159）の「視座の移動により知覚者……（の）知覚という出来事を対象化して視野の中に捉えて明示的に表現しているのが英語の例である」というのと表面的には全く逆の現象になっているのである。

　もちろん，これらにおいて，「見える」は義務的な表現ではなく，単に体験的把握における視覚性を示しているにすぎないと言うべきである。たとえば，(9) で，「埃っぽい風景」が「見える」のは，誰にとってなのかと言えば，「場面内視点」での，ゼロ表示となって現れている現場の語り手にとってである。一方，この箇所に相当す

る英語では，"beyond which lay a dusty landscape" となっており，そこに，現場の視覚体験は存在していない。[1] この例においては，「薄汚れた窓越しに，埃っぽい風景が続く」や「薄汚れた窓越しは，埃っぽい風景である」というような「見える」が現れない表現ももちろん可能であるが，「見える」という語があえて表現されているのは，現場での「見える」という語り手の視覚体験を強調するためと考えられる。[2] 言い換えるならば，この「見える」の用法は，第4章で述べる「感覚体験」にもつながる用法であると言うこともできよう。

一方，次の例は逆に，何ら視覚表現が現れていない英語原文の日本語訳に，「見える」が現れている例である。

(10) Outside, the lights of towns and villages flickered in the distance as the Polar Express raced northwards.

(C. V. Allsburg, *The Polar Express*: p. 7)

窓の外に目をやると，遠くの町や村の明かりがちかちかとまたたくのが見えた。急行「北極号」は一路北へとひた走っていた。

(『急行「北極号」』: p. 7)

---

[1] 日本語と英語の描写の方向性の違いとしては，第3章3.2節の図 (7) に対する，日本語表現と英語表現の比較も参考になる。また，関連する議論としては，鍋島 (2011: 80-81) の「S モード」「O モード」についてふれている尾野 (2014: 69-70) の注6も参照されたい。

[2] この「見える」の用法については，北林 (2011, 2013) においても論じられており，「日本語では，話し手は見えを直接に提示して，語り手は消えて語りの範囲には登場しないか，「見える」が用いられるときのように，見えを表現しつつ，語り手の存在を半分示すという語りの形式になっている」(北林 (2011: 138)) との見解は本書の主張と重なるものである。しかし，この「見える」の用法は，あくまで，日本語の体験的把握での「視覚」の優位性によるものと考えられる。また，北林 (2011: 124) には，「「見える」が用いられる場合には，比較的，見えの対象物が遠くにあることが含意されるのではないかという点があげられる。」との指摘があるが，本節の例文 (8) はそうではない例と言えよう。

第2章 「視覚体験」に関わる表現　　19

(11) Miss Troy sat rocking quietly in one of them as I pulled
into the drive.　　　　　(T. H. Cook, *Breakheart Hill*: p. 77)

ドライヴウェイに車を入れたとき，そのうちのひとつに腰
をかけて，静かに椅子を揺らしているシャーリー・トロイ
の姿が見えた。　　　　　　　　　　（『夏草の記憶』: p. 112)

(12) Jerome Patterton and Roscoe Heyward were there, grim
faced.　　　　　　　　　(A. Hailey, *The Moneychangers*: p. 200)

ジェローム・パタートンとロスコー・ヘイワードの渋い顔
が見えていた。　　　　　（『マネーチェンジャーズ（上）』: p. 291)

(13) To the north the power station was a glittering galaxy of
white lights, its stark geometric bulk subsumed in the
blue-black of the sky.

(P. D. James, *Devices and Desires*: p. 102)

北の原子力発電所のくっきりした幾何学的な巨体が，濃紺
の空に包み込まれて，白い照明の瞬く銀河に見える。

（『策謀と欲望（上）』: p. 142)

これらの英語原文には，「見える」に相当する英語は何ら含まれて
いないが，日本語訳に現れる「見える」は，「現場」での「視覚体験」
を表わすものとしてよいであろう。つまり，「見える」は，語り手
自らの「視覚体験」そのものを表すマーカーとも言うべき表現なの
である。

2.2.2.　「見ると」と「見て」

　日本語の視覚体験的な表現における，視覚性の表れは，「見える」
だけではない。「見ると」「見て」についても，同じようなことが言
える。

　次の (14), (15) は，日本語原文に「見ると」があるのに，英訳
には視覚表現は現れていない例で，逆に，(16), (17) では，英語
原文に視覚表現がないのに，日本語訳では，「見ると」が現れてい

20

る例である。

(14) ゆうだちのように，おゆがふってきた。みると，くじらだ。
かばのからだについていたあわが，どんどんきえて　なが
れていく。　　　　　　　　　　（松岡享子『おふろだいすき』: p. 26)

When we turned around, there was a whale! Thanks to
his shower all the bubbles on the hippopotamus' body and
mine were gone in no time.　　　(*I Love to Take a Bath*: p. 26)

(15) よく見ると，その向うの杉林の前には，数知れぬ蜻蛉の群
が流れていた。たんぽぽの綿毛が飛んでいるようだった。

（川端康成『雪国』: p. 86)

In front of the cedar grove opposite, dragonflies were
bobbing about in countless swarms, like dandelion floss
in the wind.　　　　　　　　　　　(*Snow Country*: p. 90)

(16) Elmer was disappointed.

(R. S. Gannet, *Elmer and the Dragon*: p. 38)

エルマーは，王さまをみると，がっかりしました。

（『エルマーとりゅう』: p. 66)

(17) "My dear little girl, you mustn't cry like this," she said,
genuinely disturbed by Anne's tragic face.

(L. M. Montgomery, *Anne of Green Gables*: p. 178)

「いい子だから，そんなに泣いちゃいけないことよ」アラン
夫人はアンの悲劇的な顔を見ると，しんからびっくりして
しまった。　　　　　　　　　　　　　　（『赤毛のアン』: p. 308)

これらの日本語表現の「見ると」には，現場の知覚主体と一体化し
た語り手が現場の状況にコミットした「視覚体験」が表されている。
「見て」も，語りの現場での視覚体験を示す表現と考えられる。

(18) 三原は目次を見て，ページを開けた。

（松本清張『点と線』: p. 146)

第 2 章 「視覚体験」に関わる表現　　21

Mihara turned to the index.　　(*Points and Lines*: p. 90)

(19) 霞ににじんだ部落の明りを右に見て，まっすぐ進めば，ほぼそのあたりに出る見当である。(阿部公房『砂の女』: p. 204)
If he went straight ahead, keeping the mist-shrouded lights of the village on his right, he could expect to come out just about where the cliffs stopped.

(*The Woman in the Dunes*: p. 184)

(20) By evening they had explained everything, and they fell asleep smiling at the stars.

(H. Keller, *Farfallina & Marcel*: p. 24)

あたりが　くらくなるころには　これまでにおこったことを，ふたりですっかり　話しあっていました。空の星を見て，にこにこしているうちに　ねむってしまいました。

(『ファルファリーナとマルセル』: p. 24)

(21) For a moment, as Trent's expression hardened, he wondered if he had gone too far.　　(A. Hailey, *Hotel*: p. 66)
トレントの表情が一瞬こわばったのを見て，ロイスは少しいいすぎたかなと思った。　　(『ホテル (上)』: p. 100)

これらにおいても，対応する英語表現に視覚性は関わっていない。

2.2.3.　「見る見る」と「目の前」

「見る見る」や「目の前」も，視覚による事態把握がはっきり表れている表現である。

まず，「見る見る」が日本語原文で用いられている例を見てみよう。

(22) 不意に木立がざわめき，見る見るあたりが暗くなった。

(小川洋子『博士の愛した数式』: p. 213)

The trees suddenly began to tremble and the sky grew dark.　　(*The Housekeeper and the Professor*: p. 137)

22

(23)　みるみるカーブが信夫に迫ってくる。

(三浦綾子『塩狩峠』: p. 328)

The curve pressed closer.　　　(*Shiokari Pass*: p. 260)

(24)　みるみる朝の気温が，本格的な暑さになり，……

(阿部公房『砂の女』: p. 140)

Gradually the morning temperature attained its usual intensity; ....　　　(*The Woman in the Dunes*: pp. 125–126)

対応する英語訳では，視覚によって得られた情報であることは示されていない。

　今度は，日本語訳に「見る見る」が用いられた例を見てみよう。

(25)　Soon the whole town was flooded. The Whale was afloat.

(D. Lucas, *Whale*: p. 19)

みるみる　そこらじゅうが　みずびたしになり，くじらは
ぷかりと　うきました。　　　（『くじらのうた』: p. 19)

(26)　The snow gets deeper and deeper.

(F. M. Branley, *Snow is Falling*: p. 6)

みるみるうちに　ゆきが　つもっていく。

(『あっ！ゆきだ』: p. 4)

(27)　Warren Trent's face reddened with anger.

(A. Hailey, *Hotel*: p. 278)

トレントの顔が，みるみるうちに怒りの色に染まった。

(『ホテル（下）』: p. 128)

「見る見る」は，語りの現場での事態把握の視覚性がはっきり表れた表現であり，現場でのリアルで眼前的な視覚体験がよく表れているが，この「見る見る」の眼前的な視覚体験性は，分析的把握の英語原文には表れていない。

　次に「目の前」を見てみよう。

(28)　めのまえが，ぱあっと　あかるくなりました。

第2章 「視覚体験」に関わる表現　　23

（筒井頼子『いもうとのにゅういん』: p. 14）

Suddenly it became quite bright.

(*Naomi's Special Gift*: p. 14)

(29)　いきなり，部落の全景が，<u>目の前に</u>あったのだ！

（阿部公房『砂の女』: p. 215）

Suddenly the village lay <u>before him</u>.

(*The Woman in the Dunes*: p. 193)

　次は，日本語訳に「目の前」が現れた例である。

(30)　<u>Above them</u> rose a cliff, and green vines hung over the edge, making a pool of shade.

(R. S. Gannet, *Elmer and the Dragon*: p. 22)

すぐ<u>目のまえに</u>，たかいがけが，そびえていて，その上から，みどりのつるくさがたれさがっていました。

（『エルマーとりゅう』: p. 40）

(31)　<u>Ahead of him</u> was a very long tunnel.

(S. Varley, *Badger's Parting Gifts*: p. 6)

<u>目の前には</u>，どこまでもつづく長いトンネル。

（『わすれられないおくりもの』: p. 6）

これらの「目」が含まれた表現においても，現場における「知覚主体」にとっての視覚性が強調されるところから，描写の「眼前性」というリアルな視覚性が感じられる。一方，対応する英語表現の(29)，(30)，(31) においては，人称代名詞が用いられて，客観的・分析的であることが明示され，「目の前」のような，語り手と主人公の，現場での視覚体験を表すものではない。

2.2.4.　「見」が含まれるその他の表現

　本節では，前節で見た慣用的な表現である「見る見る」や「目の前」以外の，「見」が含まれた，形容詞や副詞，あるいは，名詞と

して使用されている例を見ていきたい。

(32) ぐるんぱは，みちがえるほど　りっぱになりました。

(西内ミナミ『ぐるんぱのようちえん』: p. 9)

Groompa was soon sparkling clean.

(*Groompa's Kindergarten*: p. 9)

(33) ぎょっとなって振り返ると，もう少しで自分の顔とくっつきそうな距離に，見知らぬ顔があった。

(乃南アサ『凍える牙』: p. 149)

Startled, she spun around, almost bumping into the face of a stranger pressed up close. (*The Hunter*: p. 82)

(34) ……見るかげもなくなったレストランの，……

(同上 : p. 37)

… in the restaurant now destroyed beyond recognition, …

(ibid.: p. 23)

(35) In the joy of seeing a familiar face …

(L. M. Montgomery, *Anne of Green Gables*: p. 281)

見なれた顔を見たうれしさに，……

(『赤毛のアン』: p. 477)

これらの例で興味深いことは，(33) の「見知らぬ」という表現においても，日本語では，「知る」という認識行為が，認識主体の「見る」という視覚体験に基づくものであることを示しているということである。ちなみに，「見知らぬ人」に相当する英語の stranger の意味は，"someone that you do not know" (*Macmillan English Dictionary* 2002: 1393) で，「見る」の持つ視覚体験的な意味合いは含まれていない。また，(34) では，「見るかげもない」の視覚的表現が，beyond recognition と認識的な表現に英訳されていることが注目される。ちなみに，(35) の familiar も「見なれた」と和訳されている。これらの表現は，日本語における認識行為が，まさに，「知覚（視覚）と認識が融合した認知」に基づいていることを示すもの

第2章 「視覚体験」に関わる表現 　25

言うことができよう。

　以下のような名詞表現も，ここに付け加えておきたい。

(36)　長谷倉六右衛門は侍というよりは百姓といったほうが良い
　　　男で，使者たちのなかでは<u>見ばえ</u>がしない。

（遠藤周作『侍』: p. 80)

Hasekura Rokuemon appears to be more a peasant than a
samurai, and is <u>the least impressive</u> of all the envoys.

(The Samurai: p. 59)

(37)　不満の召出衆たちすべてへの<u>見せしめ</u>のためだ。

（同上：p. 88)

This is a <u>warning</u> to all the discontented lance-corporals.

(ibid.: p. 64)

(38)　Though no one knew it, it was <u>the last time</u> he would be
　　　present at the bank.　　(A. Hailey, <i>The Moneychangers</i>: p. 8)
　　　これが銀行での彼の姿の<u>見おさめ</u>になろうとは，だれ一人
　　　知る由もなかった。　　(『マネーチェンジャーズ（上)』: p. 13)

　「見」を含む表現には，これ以外にも，「見合う」「見飽きる」「見
誤る」「見え透いた」「見送る」「見限る」「見聞き」「見切り」「見極
める」「見込み」「見頃」「見定め」「見す見す」「見せかけ」「見損な
う」「見出し」「見立てる」「見た目」「見違える」「見取り」「見直
す」「見逃す」「見放す」「見張り」「見本」「見舞う」「見物」……と
いった，「見」が含まれたおびただしい表現がある。

　結局のところ，これらの「見」が含まれた表現の多様さは，日本
語の事態把握の根底にある視覚体験志向の表れであると言ってよい
であろう。

2.3. 「顔」

2.3.1. 「顔」の「体験名詞」としての用法

「見える」は，事象全体に対する事態把握を表す語であるが，人を視覚対象として把握する場合，最も注目されやすいところは〈顔〉である。とすれば，「場面内視点」においては，人が登場すると，〈顔〉が視覚的にもっとも目立って捉えられるということになる。

そこで，「顔」と face の対応関係についてであるが，これらの語が対応する場合があることは言うまでもない。

まずは，日本語の「顔」が face と訳出されている場合である。

(39) 今更のように侍は<u>父の顔</u>を思いだした。

(遠藤周作『侍』: p. 49)

Once again the samurai saw <u>his father's face</u> before him, …

(*The Samurai*: p. 39)

次は，英語原文の face が「顔」と訳出されている場合である。

(40) He had <u>an angular face</u>, and hair graying at the temples.

(A. Hailey, *Hotel*: p. 19)

<u>骨ばった顔</u>で，こめかみのあたりに白髪が目立った。

(『ホテル（上）』: p. 32)

しかし，このように対応している場合においても，「顔」には，現場での生き生きした視覚体験が伝わってくるが，英語での face は，単に，〈顔〉が認識的に捉えられているだけで，日本語の現場でのような視覚体験のニュアンスは伝わってこない。

2.3.2. 対応する英語表現に face がない用法

さて，本節で取り上げたいのは，日本語では，「顔」が「ような」や「そうな」等の語句によって修飾され，視覚体験的に用いられている場合に，英語では face が用いられず，また，逆に，英語原文

では，face が用いられていない場合に，日本語訳では「顔」が用いられている以下のような用例である。このように，「顔」に対応する英語表現がない場合は，「顔」は，現場での知覚体験を表す「体験名詞」として用いられていると言うことができよう。

まずは，日本語原文で「顔」が用いられているが，英訳では用いられていない例である。

(41) ねずみの　おいしゃさまは，まだ　ゆめの　つづきを　み
　　　ているような　かおで，あなの　そとへ，でてきました。
　　　　　　　　　　　　　　　（中川正文『ねずみのおいしゃさま』: p. 18）
　　　Still half asleep, Doctor Mouse went outdoors.
　　　　　　　　　　　　　　　　　　　　　（*Dr. Mouse's Mission*: p. 18）

(42) オットセイは，せっけんをのみこんだまま，しらんかおを
　　　して，じっと，うえをみていた。
　　　　　　　　　　　　　　　　（松岡享子『おふろだいすき』: p. 15）
　　　The seal stayed very still. He was looking upward, pay-
　　　ing no attention to us at all.　（*I Love to Take a Bath*: p. 15）

(43) ままは，もう　かぎをはずして，にこにこがおで　たって
　　　いました。　　　　（しみずみちを『はじめてのおるすばん』: p. 24）
　　　…, but Mommy had already opened it with her key, and
　　　was standing there with a big smile.　（*Ding-Dong!*: p. 25）

(44) 滝沢の説明に，学生は「なるほどねえ」と本気で感心した
　　　ような顔をした。　　　　　（乃南アサ『凍える牙』: p. 71）
　　　The student absorbed this absurd explanation with great
　　　seriousness.　　　　　　　　　　　　　　　（*The Hunter*: p. 40）

ここでの日本語原文において，「顔」が用いられているのは，相手の心理状態は，〈顔〉を見ることによって分かるという，〈顔〉に対する視覚体験が関わっているためである。もちろん，これらの例において，「顔」の使用は義務的なものではない。しかし，「顔」を用いた表現は，「顔」の視覚的な描写のために，生き生きしたものと

なっていると言うことができる。

次は，先の例とは逆に，英語原文には face の語がないのに，日本語訳では，「顔」が用いられている例である。

(45) He was the largest leaf on the limb and seemed to have been there before anyone else.

(L. Buscaglia, *The Fall of Freddie the Leaf*: p. 6)

だれよりも大きくて　昔からいるような顔をしています。

(『葉っぱのフレディ』: p. 6)

(46) "That's enough, Geraldine," Mama said sternly.

(H. Keller, *Geraldine First*: p. 9)

「いいかげんにしなさい，ジェラルディン」

ママが　こわいかおをして　いいました。

(『ジェラルディンとおとうとウィリー』: p. 9)

(47) She regarded him curiously. (A. Hailey, *Hotel*: p. 29)

クリスティンはふしぎそうな顔で彼を見つめた。[3]

(『ホテル（上）』: p. 47)

cf.(48) He looked at her strangely. (ibid.: p. 106)

ピーターはふしぎそうに彼女を見た。 (同上：p. 158)

(49) The room clerk nodded sagely. (ibid.: p. 45)

部屋係はまじめくさった顔でうなずいた。 (同上：p. 71)

これらの例においても，(47) に対する (48) のように，「顔」のない表現も可能である。しかし，日本語訳においては，「顔」を用いて，主人公の心理状態を視覚体験的に述べるほうが好まれるとは言えそうである。

さて，「顔」には，慣用化された表現とも思われる，「笑顔」「したり顔」「真顔」といった用法もある。これは，視覚体験的に捉え

---

[3] 「ふしぎそうな顔」の「そうな」については，先に本章の注1でも言及した尾野 (2014: 69-70) の注6を参照されたい。

られた「顔」の表現が，慣用表現として定着したものである。

(50)　死の直前でも笑顔[4]をみせようと彼は平生から思っていたのだ。　　　　　　　　　　　　　　　　　　　（遠藤周作『侍』: p. 19）
He had always wanted to wear a smile even as death approached.　　　　　　　　　　　　　　　　　（*The Samurai*: p.19）

(51)　「あの天智院にまた何かあったのでしょうか？」
助役は急に心配顔になった。
　　　　　　　　　　　　（内田康夫『戸隠伝説殺人事件』: p. 308）
"Has she done something again?" asked the official, looking suddenly worried.

　　　　　　　　　　　（*The Togakushi Legend Murders*: p. 243）

　次は，逆に，日本語訳に「…顔」が表れている例である。

(52)　Margot said thoughtfully, …
　　　　　　　　　　　　（A. Hailey, *The Moneychangers*: p. 207）
マーゴットが思案顔で言った。
　　　　　　　　　　　　（『マネーチェンジャーズ（上）』: p. 303）

(53)　Danny nodded sagely.　　　　　　　　　　（ibid.: p. 394）
ダニーは得意顔でうなずいた。
　　　　　　　　　　　　（『マネーチェンジャーズ（下）』: p. 219）

これらに相当する英語の慣用表現は存在しないと思われるが，これ

---

[4]「笑顔」を E-DIC（2005, 朝日出版社）で検索してみると，23 の用例がある。その対応英語表現は，smile の動詞用法が 10 例，名詞用法は 12 例で，注目すべきは，face が用いられた対応英語表現は 1 例もないということである。
　もっとも，face と「顔」が対応しないことについては，例えば，『ウィズダム和英辞典』（2007: 293）では，「今も彼の顔を覚えている」に対し，"I still recognize him" の英語をあげて，「him の代わりに通例 his face とはいわない」との指摘がすでになされている。しかし，本書の意義は，この違いを日本語と英語の事態把握の違いから論じた点にある。

らの例について興味深いことは，これらの「○○顔」の箇所に相当する英語表現は，英語原文であれ，英語訳であれ，face が用いられていないということである。

2.3.3. 「顔」と対応する英語表現のデータ

　これまで，日本語において，〈顔〉が身体部位の中で最も目立ち，視覚体験的に捉えやすいために，「顔」は表れやすいが，対応する英語表現では〈顔〉が視覚体験としては捉えられないため，「顔」に相当する face の語は表れない場合が多いことを見てきたが，これにはデータ的な裏付けがある。

　これまで本書で例文として用いてきたのは，主に，3 冊の日本語原文の小説とその英語訳，3 冊の英語原文の小説とその日本語訳であるが，日本語原文の小説については，「顔」に対して，対応する英語表現に，face, expression, look の名詞が用いられている場合が「（対応）有」，そうでない場合を「（対応）ゼロ」，英語原文の日本語訳の小説については，日本語訳の「顔」に対し，英語原文で，face, expression, look の名詞が用いられている場合を「（対応）有」，英語原文にこれらの対応表現がない場合を「（対応）ゼロ」として表したのが，次の表である。[5]

(54)　「顔」と face, expression, look の対応関係の数

	『凍える牙』		『侍』		『戸隠』		『ホテル』		『マネー』		『ダ・ヴィンチ』	
	223		231		147		230		187		189	
顔	有	ゼロ	有	ゼロ	有	ゼロ	有	ゼロ	有	ゼロ	有	ゼロ
	104	119	148	83	38	109	82	148	76	111	64	125

この表から言えることは，日本語原文に対する英語訳では，訳者によって，「顔」にこだわる訳とそうでない訳とで差が見られるが，

---

[5]　正確な小説名は，『凍える牙』『侍』『戸隠伝説殺人事件』『ホテル』『マネーチェンジャーズ』『ダ・ヴィンチ・コード』である。

第 2 章 「視覚体験」に関わる表現　　31

英語原文に対する日本語訳では，半数以上の「顔」の表現が，対応英語表現のない「体験用法」として用いられているということである。つまり，「場面内視点」においては，「顔」が，視覚体験的に用いられやすいということである。[6]

2.3.4.　〈顔〉を表すその他の表現

　日本語には，これまで見てきた「顔」[7]以外にも〈顔〉を表す多様な表現形式があるが，このことも，「場面内視点」においては，〈顔〉が視覚対象として，最も優位な身体部位として捉えられることを考慮すれば当然とも言えることである。「顔」以外の表現として，「面」と「色」について取り上げてみたい。

2.3.4.1.　「面」

　まずは，「面（つら）」の日本語原文の例である。

(55)　人々は砂粒や埃から目を守ろうと，しかめ面[8]で行き過ぎた。

（乃南アサ『凍える牙』: p. 5）

…, and passersby screwed up their faces to keep the sand and dust from getting into their eyes.　　(*The Hunter*: p. 5)

(56)　小島は興奮した面持ちで戻ってきて，……

（内田康夫『戸隠伝説殺人事件』: p. 346）

---

　[6]　武本 (1993: 28) には，「日本の科学者が，サルの顔を見て固体識別ができるのに，西洋の学者にそれができないというのは，彼らには，サルが類型的にしか見えないからに違いない。」との記述があるが，日本の科学者がサルの顔を固体識別できることには，日本人が，〈顔〉を知覚体験的に把握することが関わっているのかもしれない。

　[7]　「顔」が用いられた表現としては，「顔だち」「顔付き」「顔ぶれ」等もあるが，これらの例については，尾野 (2012: 17-19) を参照されたい。

　[8]　もちろん，「しかめ面」には a frown や，「仏頂面」には，a sullen (sour, long) face という，一般的な対応表現もあるにはある。しかし，「○○面」は，「○○顔」と同様に，生産性の高い表現である。

32

He came back to the table looking excited …

(*The Togakushi Legend Murders*: p. 273)

(55) では，英訳に face が用いられているが，これは，英語では，「顔」と「面」を区別する語がないということである。

次は，日本語訳に，「面」が表れている例である。

(57) She said doubtfully, "In what way?"

(A. Hailey, *Hotel*: p. 93)

「たとえば，どんなふうにして？」彼女はやや不安な面持で訊きかえした。 （『ホテル（上）』: p. 140）

(58) He was grinning broadly …

(A. Hailey, *The Moneychangers*: p. 199)

彼は満面に笑みを浮べながら，……

（『マネーチェンジャーズ（上）』: p. 290）

特に，(57) では，"said doubtfully" という，「話し方」について述べている語句が，「不安な面持で」と，視覚的に捉え直されていることが注目される。

2.3.4.2. 「色」

さらに，日本語には，〈顔〉を表す関連表現として，「顔色を窺う」や，「疲労の色」，「焦りの色」といった，「色」が用いられている事例が多く見受けられるが，そもそも，「色」は視覚によってのみ把握されるものであり，この「色」が用いられた表現も，「場面内視点」における視覚体験の優位性によるものと考えられる。

まず，「色」の含まれた表現に対して，対応する英語表現がどのようなものかを見てみることにする。

(59) 旅の疲れで消耗しきった三人は不意打ちを受けたように大きな驚きの色を顔に見せた。 （遠藤周作『侍』: p. 187）

Drained by the weariness of the journey, the three envoys

seemed almost <u>stunned</u> by this unexpected piece of news.

(*The Samurai*: p. 126)

(60) 「母，ですか……」

桂は<u>当惑の色</u>を隠さなかった。

（内田康夫『戸隠伝説殺人事件』: p. 225）

"My mother?" Katsura was <u>obviously embarrassed</u>.

(*The Togakushi Legend Murders*: p. 182)

これらの英訳においては，「色」が表す視覚性は表現されていない。
次は，逆のパターンで，日本語訳に「色」が表れている例である。

(61) <u>A flicker of relief</u> crossed the elderly barman's face; …

(A. Hailey, *Hotel*: p. 187)

老バーテンダーの顔に<u>安堵の色</u>が浮んだ。

（『ホテル（上）』: p. 280）

(62) Sophie <u>recoiled</u>. "How do you know that?"

(D. Brown, *The Da Vinci Code*: p. 333)

ソフィーは<u>動揺の色</u>を見せた。「どうしてわかったの？」

（『ダ・ヴィンチ・コード（中）』: p. 272）

これらの「色」に関わる表現で興味深いことは，英訳であれ，英語
原文であれ，「色」に対応する表現として，color は用いられていな
いということである。「色」を用いた表現のほうが，描写がより生
き生きしたものとなっていることは言うまでもない。

2.4. 「姿」

次は，「姿」についてである。「姿」については，次のように，
「姿」と figure が対応している場合がある。(63) は日本語原文の
「姿」に対する英訳としての figure であり，(64) は英語原文の fig-
ure に対して日本語訳に表れた「姿」である。

(63) 低く垂れこめている灰色の雲の下を，滝沢の目の前を走っ
ていく音道の姿は，いかにも寒そうで，ちっぽけに見えた。

(乃南アサ『凍える牙』: p. 484)

Otomichi's figure riding in front of Takizawa and Imaze-
ki, under the low-hanging bank of gray clouds, looked
exceedingly small and cold.　　　　(*The Hunter*: p. 253)

(64) She didn't question how, so mysteriously, this slim, slow-
walking figure had materialized.

(P. D. James, *Devices and Desires*: p. 7)

ヴァレリーは，ゆっくり歩く細身の姿がなぜ降って湧いた
ように現われたのか不思議に思わなかった。

(『策謀と欲望（上）』: p. 17)

しかしこのような対応関係にある場合でも，「姿」と 'figure' では，
意味の上では，かなり，ズレがあると言うべきであろう。『広辞苑』
(2008: 1488) は，「姿」の語義として，「体つき・見なりなど，形
あるものの全体的な外見・様子」をあげているが，「姿」の持つ，
語り手が現場で把握する「全体的な外見・様子」の感覚的ニュアン
スを，'figure' は持ち得ていない。

　以下は，本節で問題にしたい，「姿」に対する英語の対応表現が
見当たらない場合である。まずは，日本語原文での「姿」に対し，
英語には，対応する語が現れていない例である。

(65) 叔父の姿が見えなくなるまで犬が吠えた。

(遠藤周作『侍』: p. 10)

A dog barked until the samurai's uncle had disappeared
from view.　　　　(*The Samurai*: p. 13)

(66) 天童タキの姿はなかった。

(内田康夫『戸隠伝説殺人事件』: p. 359)

Taki was not there.　　(*The Togakushi Legend Murders*: p. 283)

第2章 「視覚体験」に関わる表現　　35

　次は，逆のパターンとして，英語原文に「姿」に相当する表現はないが，日本語訳に「姿」が現れている例である。

(67)　As he fell, he saw the whole tree for the first time.
　　　　　　　　　(L. Buscaglia, *The Fall of Freddie the Leaf*: p. 25)
　　　そのときはじめてフレディは　木の全体の姿を見ました。
　　　　　　　　　　　　　　　　　　　　　　（『葉っぱのフレディ』: p. 25)

(68)　"An honor." Teabing moved into the light.
　　　　　　　　　　　　　　(D. Brown, *The Da Vinci Code*: p. 246)
　　　「お目にかかれて光栄だ」ティービングは光のなかへ姿を現した。　　　　　　　　　　（『ダ・ヴィンチ・コード（中）』: p. 122）

　「姿」については，「「…の姿」は英語では，訳出しないことも多い」あるいは，「日本文での「姿」が「消える」「現れる」などの出現・消失に関する動詞の目的語となる場合，英語では自動詞１語で表現されるのが普通」（『ウィズダム和英辞典』2007: 877）との指摘が既になされているが，その理由についても，「場面内視点」と「場面外視点」による説明が可能である。そもそも，現場における人の「出現・消失」は，知覚者にとっては，最もインパクトのある事象であり，「姿」は，まさに，「目に見える範囲」での体験的な把握による表現なのである。一方，「場面外視点」から把握される英語においても，人は，事象の多くのモノの中で，最も目立つモノである点は同じである。しかし，その目立ち度は，他のモノとの論理的・分析的な把握での位置づけなのであり，「外見・様子」といった視覚体験による把握ではない。
　「姿」には，次のような「後ろ姿」[9]の表現もよく見いだされる。

────────────
　[9] ちなみに，『ジーニアス和英辞典』（2011: 160）には，「後ろ姿」の見出しで，「彼女の後ろ姿を見送った I watched after her./彼女は後ろ姿が美しい She looks beautiful from behind.」の２例がのっている。確かに，「後ろ」の意味を 'behind' で表現することも可能ではあろうが，英語には「後ろ姿」に相当する定まった表

(69)　医師の後ろ姿を見送ると，滝沢は吐き捨てるように呟いた。

(乃南アサ『凍える牙』: p. 77)

Takizawa muttered under his breath, scowling, as he watched the doctor walk down the corridor.

(*The Hunter*: p. 43)

(70)　一人ですたすたと歩いていく相方の後ろ姿を追うように，滝沢はやっとの思いで歩き始めた。　　(同上 : p. 324)

As his partner marched off alone, Takizawa tried to wake up and to follow her.　　(ibid.: p. 170)

(71)　信夫は門の前に立って，もう半丁ほども先を行く妹の元気な後姿をじっと見ていた。　　(三浦綾子『塩狩峠』: p. 129)

Nobuo stood at the gate and watched her now, striding energetically half a block away.　　(*Shiokari Pass*: p. 104)

　次は，日本語訳に，「後ろ姿」が表れている例である。

(72)　Sophie stared after him a moment, ...

(D. Brown, *The Da Vinci Code*: p. 201)

ソフィーはその後ろ姿を目で追いながら考えた。

(『ダ・ヴィンチ・コード (中)』: p. 48)

(73)　After a pause, and a prolonged gaze, she resumed, addressing me in accents of indignant disappointment.

(E. Brontë, *Wuthering Heights*: p. 161)

しばらく無言で，その間ずっと男の後ろ姿を見つめていてから，キャサリンは腹立たしげな失望の調子で，私に話しかけました―　　(『嵐が丘』: p. 270)

(74)　Heathcliff gazed after him, and sighed.　　(ibid.: p. 303)

ヒースクリフはその後ろ姿をみつめて，嘆息した。

(同上 : p. 505)

現はない。

第2章 「視覚体験」に関わる表現　　37

(69), (70), (71) の 3 つの日本語原文に対応する英訳では，「後ろ姿」の「後ろ」に相当する内容は訳出されていない。また (72), (73), (74) の英語原文にも，「後ろ姿」の「後ろ」に相当する表現はない。そもそも，「後ろ姿」が醸し出すイメージは，あくまで，「視点」が「場面内」にあってこそ，はじめて感覚的・体験的に把握可能となるのであって，「視点」が「場面外」にあっては，「後ろ姿」[10] のイメージは存在しないということになろう。

2.5.　まとめ

　池上 (2011: 61) は，「日本語の語彙の語義の成立には，〈身体性〉に関わる要因が重要な形で取り込まれていることが確認できる」としているが，そもそも，〈身体性〉と〈知覚体験性〉は密接なつながりがあるので，「日本語の語彙の語義の成立には，〈知覚体験〉に関わる要因が重要な形で取り込まれていることが確認できる」と言うことも可能である。よって，本章でこれまで論じてきた，「見える」「見ると」「顔」「面」「色」「姿」といった多様な視覚が関わっている表現からは，「日本語の「語彙」には，〈視覚性〉が関わっていることを示す多くの「語彙」が見いだせる」と言うことも可能であろう。

　もちろん，「知覚」は「視覚」だけには限るものではない。結論を先に述べれば，以下で論じられる「時・事象の推移の体験」「感覚・感情体験」「プロセス体験」も，「知覚と認識が融合した認知」である「知覚体験」として捉えることができるということである。

---

　[10] 「後ろ姿」については，本書第 7 章の 7.5 節の注 28, 29 を参照されたい。

第3章 「時・事象の推移の体験」に関わる表現

3.1. はじめに

　先の第2章では，日本語の視覚に関わる多様な表現を見てきたが，これは，「場面内」にある「視点」の「視覚体験」によるものであった。本章で扱う，「時間」と「空間」の表現においても，「視覚」の場合のように，日本語では，「視点」が「場面内」にあることから，「時間」と「空間」に対して，「体験的」に把握するため，「知覚体験的」な表現が予想されることになる。一方，「視点」が「場面外」にある英語においては，把握の対象となる「時間」と「空間」が「場面」とは分離したものであることから，把握の対象は概念的なものとなり，「分析的」な英語表現になることが予想される。

　本章では，「時間」と「空間」が関わる，「時」と「事象」の「推移」に関して，「体験的」な日本語表現がどのように「分析的」な英語に訳出されるのか，また，逆に，「分析的」な英語表現が，どのように「体験的」な日本語に訳出されるのかを見ていくことにする。

3.2. 認識の原点としての「イマ・ココ」

　英語でも，today が物語現場の「きょう」を表す，次の（1）のような例もある。

38

第3章 「時・事象の推移の体験」に関わる表現　　39

(1)　みんな　ごきげん
　　<u>きょうは</u>　いいてんき。
　　　　　　　　　　（なかのひろたか『ぞうくんのさんぽ』: p. 27)
　　But everyone is feeling happy,
　　for <u>today</u> is a beautiful day.　　　（*Elephee's Walk*: p. 27)

しかし，このような例はむしろ少なく，英語では，以下の例のように，「いま」「きょう」が訳出されない場合のほうが多い。

(2)　じゃんぐるでは，ぐるんぱを　かこんで，<u>いま</u>　かいぎの
　　まっさいちゅう。　（西内ミナミ『ぐるんぱのようちえん』: p. 4)
　　In the jungle one day, all the elephants gathered around
　　Groompa for a meeting.　　（*Groompa's Kindergarten*: p. 4)
(3)　<u>きのうも　きょうも</u>　ずーっと　あめが　ふっています。
　　そらまめくんたちは　あまやどり。
　　　　　　　　　　（なかやみわ『そらまめくんとめだかのこ』: p. 1)
　　Big Beanie and his friends were waiting in their little hut
　　for the rain to stop. It had been raining since the day be-
　　fore.　　　　　　　（*Big Beanie and the Lost Fish*: p. 3)

逆に，次の英語原文に対する日本語訳には，原文にない「きょう」が新たに訳出されている。

(4)　Rosie made Kate promise not to tell anyone what had
　　happened.　　　　　　　（H. Keller, *The Best Present*: p. 19)
　　ロージーはケイトに，<u>きょう</u>のことはだれにもいわないよ
　　うにたのみました。　　（『いちばんすてきなプレゼント』: p. 19)

また，場所の指示においても，日本語では語り手が認識の原点となった指示詞が用いられるが，英語ではそのような指示詞は訳出されないことが多い。

(5)　こどもたちは　おおよろこび。うたを　きいて，<u>あっちか</u>

らも こっちからも こどもが あつまってきます。

(西内ミナミ『ぐるんぱのようちえん』: p. 24)

The children loved it. More children came to hear him sing.　　　　　　　　　　　　(*Groompa's Kindergarten*: p. 24)

次は，英語原文の例であるが，原文にない指示詞が日本語では訳出されている。

(6) Swish! Swish! went the air brakes on the express trains.

(V. L. Burton, *Choo Choo*: p. 23)

あっち こっちで，きゅうこうれっしゃの えあぶれーきが，しゅしゅっと うなっています。

(『いたずらきかんしゃ ちゅうちゅう』: p. 23)

それゆえ，日本語では，時間と空間の指示においては，常に，語りの場が認識の原点となり，そこには，現場の「生きた時間」が流れているということになる。

空間指示の日英語の表現の違いについては，次の (7) の『ぐりとぐらのおきゃくさま』の例は非常に興味深い。

(7)

第3章 「時・事象の推移の体験」に関わる表現　　41

(7) の絵での「雪だるま」「家」「林」に対する，日本語原文とその
英訳は，それぞれ，次の通りである。

(8) a. はやしの　いりぐちに，ゆきだるまが　たっていました。
　　　　ゆきだるまの　うしろには，いえが　1けん　あって，
　　　　……　　　　　（中川李枝子『ぐりとぐらのおきゃくさま』: p. 8）

　　b. At the edge of the woods, Guri and Gura finally come
　　　　to a house with a snowman in front of it.

　　　　　　　　　　　　　　　（*Guri and Gura's Surprise Visitor*: p. 10）

まず，日本語原文の (8a) においては，「グリとグラ」が認識の原
点であるため，グリ・グラは表現されていない。ゼロ表示のグリ・
グラにとって，まず目に入るのは，「はやしの　いりぐち」にある
「ゆきだるま」であり，次いで「そのうしろ」の「いえ」ということ
になる。ところが，英語版の (8b) では，Guri and Gura がいるの
は，「はやしの　いりぐち」ではなく，"At the edge of the woods"
（「はやしの　はし」）であるとされ，さらに，「ゆきだるま」は，"a
house with a snowman in front of it"，すなわち，「いえ」を軸に
して，「いえのまえ」にあると位置づけられているのである。結局，
日本語の「体験的」な事態把握においては，現場のグリ・グラの
「視点」が存在するが，英語の「分析的」な事態把握では，グリ・グ
ラの「視点」は存在せず，[1]「我々の知覚と認識を忠実に反映してい
るのはやはり日本語であり，英語はそうではない」（濱田 (2017:
48)）ということになる。いずれにせよ，(8a) と (8b) は，「場」が
存在する「場面内視点」の日本語と，「場」の存在しない「場面外視
点」の英語の違いが，空間指示においてはっきり表れた例であると
言える。

───────────

[1] このことについては，第2章の注1を参照されたい。

3.3. 「時」の推移表現

3.3.1. 「なる」

まず，次の例を見てみることにしよう。

(9) なつに<u>なって</u>，とこちゃんは，おとうさんと
 おかあさんと　いっしょに，うみへ　いきました。

(松岡享子『とこちゃんはどこ』: p. 12)

<u>In the summer</u>, Toko, his mother and his father went to
the beach together.　　　(*Where is Little Toko?*: p. 12)

(10) ゆうがたに<u>なると</u>，てのあいている　ひとたちは，かんぱ
 んに　ならんで，がっそうをした。

(大塚勇三『うみのがくたい』: p. 2)

<u>In the evenings</u>, the ones who had finished work would
line up on the deck and play.

(*The Ocean-Going Orchestra*: p. 2)

このように，日本語の「なる」の推移表現が，英語では，in the
summer, in the evening といった，単に時を指定する表現で訳出さ
れていることが注目されるが，これは，「場面外視点」においては，
そもそも「時」を現場での「生きた時間」として体感し得ないので，
「時の推移」の感覚があり得ないためである。

　次は，逆に，英語原文での時の指定表現が，日本語では，「なる」
と「体験的」に捉え直されている例であるが，その理由については，
同じことが言えると思われる。

(11) <u>Summer</u> had been especially nice.

(L. Buscaglia, *The Fall of Freddie the Leaf*: p. 8)

<u>夏になると</u>　フレディは　<u>ますますうれしくなりました</u>。

(『葉っぱのフレディ』: p. 8)

(12) They were coated with a thin layer of white which quick-

ly melted and left them dew drenched and sparkling in the morning sun. (ibid.: p. 11)

みんなの顔に　白く冷たい粉のようなものがつきました。朝になると　白い粉はとけて　雫が　キラキラ光りました。 (同上：p. 11)

3.3.2. 「やがて」と英語の対応表現

　語りの現場での時の推移に対する臨場的・体感的な感覚は，「なる」だけではなく，「やがて」のような副詞にも表れていると考えられる。それに対し，「時の推移」を体感できない「分析的把握」の英語では，「なる」の場合のように，この種の推移の感覚を表すことの難しさが予想される。

　森田（1986: 1148）は，「やがて」の原義を「現在の状態をそのままに」とし，そこから，「時間的にあまり隔たりのない近い将来までその状態が持続することを表す」としているが，このことから，「やがて」は，現場で絶えず更新される「イマ」との「身体的インタラクション」（中村（2009: 353））を反映する表現であると言うことができよう。語り手は，現場の「イマ」を体験できる「体験的把握」においてのみ，「時・状況の推移」を，「現在の状態」から未来への流れとして体験することが可能となるのである。

3.3.2.1. 「やがて」はどのように英訳されているか

　まず，「やがて」がどのように英訳されているのかを見てみよう。

(13)　やがて，行手にぽっつりあかりが一つ見え始めました。
　　　　　　　　　　　　　　　　（新美南吉『手ぶくろを買いに』: p. 12）

　　　Eventually, they noticed a small point of light on the path ahead. (*Buying Mittens*: p. 12)

(14)　やがて町にはいりましたが…… （同上：p. 18）

　　　Finally, the little fox came to the village. (ibid.: p. 19)

(15)　やがてその海が島にさえぎられると，静かな入江が見えて
きた。　　　　　　　　　　　　　　　（遠藤周作『侍』: p. 33）

When at length their view of the sea was obstructed by
islands, they caught a glimpse of the calm harbour.

(*The Samurai*: p. 28)

(16)　やがて掛布とんの下から，ふじ子が顔を出した。

（三浦綾子『塩狩峠』: p. 272）

At last Fujiko put her head out from under the quilt.

(*Shiokari Pass*: p. 215)

ここで注目すべきは，それぞれの英訳において，「やがて」の持つ
「推移の持続」の感覚が捨象され，eventually，finally，at length，
at last といった「推移の結果」を表す副詞表現が用いられていると
いうことである。

3.3.2.2.　どのような英語表現が「やがて」と訳出されているか

今度は，逆に，「やがて」と訳出されている英語原文がどのよう
な表現であったのかを見てみよう。

(17)　Sophie devoured them all.　Eventually she turned her pas-
sion into a profession by becoming a code-breaker for the
Judicial Police.　　（D. Brown, *The Da Vinci Code*: pp. 83–84）
ソフィーはそのすべてを貪るように吸収し，やがてその情
熱を仕事に転化すべく，司法警察の暗号解読官になった。

（『ダ・ヴィンチ・コード（上）』: pp. 143–144）

(18)　Finally a woman's voice answered.　　　　　（ibid.: p. 126）
やがて女の声が聞こえた。　　　　　　　（同上 : p. 216）

(19)　At length, a shade breathlessly, she said, ...

（A. Hailey, *Hotel*: p. 146）

やがて，彼女は少し息を切らせながらいった。

（『ホテル（上）』: p. 219）

第3章 「時・事象の推移の体験」に関わる表現　　45

(20)　At last, the toys *did* begin to fidget.

(D. Lucas, *Christmas at the Toy Museum*: p. 14)

やがて，がさごそ　かちゃかちゃと　おとが　しはじめま
した。　　　　　　　　（『おもちゃびじゅつかんのクリスマス』: p. 14)

これらの例で興味深いことは，先の (13)-(16) の例とは全く逆に，
「推移の結果」を表す eventually, finally, at length, at last の訳
語として，これらの字義通りの訳である「けっきょく」「とうとう」
「ついに」「やっと」等が用いられず，現場の時の「推移の体験」を
表す「やがて」が用いられているということである。

　次の soon や then も，よく「やがて」と訳出される。

(21)　Soon he discovered that no two leaves were alike, even
　　　though they were on the same tree.

(L. Buscaglia, *The Fall of Freddie the Leaf*: p. 5)

やがて，ひとつとして　同じ葉っぱはないことに　気がつき
ました。　　　　　　　　　　　　　　（『葉っぱのフレディ』: p. 4)

(22)　Then the owl pumped its great wings and lifted off the
　　　branch like a shadow without sound.

(J. Yolen, *Owl Moon*: p. 29)

やがて　みみずくは　おおきなつばさ　うごかして　音も
なく　影のように　えだをはなれ　森のおくへと　かえっ
ていった　　　　　　　　　　　　　　（『月夜のみみずく』: p. 29)

まず，soon についてであるが，soon のコアの意味は，「（ある時点
から）時間がたたないうちに」（『E ゲイト英和辞典』2003: 1581）とさ
れ，「やがて」の持つ「時の推移」の意味合いは持ち得ていない。
then についても，ここでは，単に "happening next" (*Macmillan
English Dictionary* 2002: 1463) を表すだけで，語りの現場での，「時
の推移」の意味合いは表していないとすべきである。

46

3.3.2.3. 「やがて」が英訳されない場合

（13）から（16）における「やがて」の英訳は，「やがて」の持つ時の推移に対しての「体験性」を表し得ないものであったが，そもそも，上で述べたように，分析的把握においては，現場での「時の推移」との「身体的インタラクション」がないため，次のように，「やがて」の持つ意味合いが英語には全く訳出されない場合も多くある。

（23）　<u>やがて</u>，さかなたちの　おんがくは，しずかに　やんだ。

（大塚勇三『うみのがくたい』: p. 25）

The orchestra of the fishes fell silent.

(*The Ocean-Going Orchestra*: p. 25)

（24）　<u>やがて</u>時雨が通るらしかった。　　　（川端康成『雪国』: p. 108）

Rain fell during the night, ...　　　　　　（*Snow Country*: p. 112）

3.3.2.4. 「やがて」が日本語訳に新たに付け加えられた場合

次は，上の 3.3.2.3 節とは全く逆に，英語原文では，「やがて」の相当表現がないのに，日本語訳で，新たに「やがて」が付け加えられ，英語原文にはなかった現場の「時の推移」が読み込まれた例である。

（25）　He came to a field full of daisies.

(C. Zolotow, *The Bunny Who Found Easter*: p. 8)

<u>やがて</u>　ヒナギクのさく　のはらにきました。

（『うさぎの　だいじな　みつけもの』: p. 8）

（26）　The rain turned into snow.

(V. L. Burton, *Katy and the Big Snow*: p. 12)

あめは　<u>やがて</u>，ゆきに　かわりました。

（『はたらきもののじょせつしゃけいてぃー』: p. 12）

3.3.2.5. 「やがて」と対応する英語表現のデータ

ここで,「やがて」とその対応する英語表現のデータを見てみることにしたい。まずは, 日本語原文の「やがて」が, 実際に, どのように英訳されているかであるが, 8 冊の小説[2]から集めた 201 例の「やがて」の用例の結果は次のようになる。

(27) 「やがて」はどのように英訳されているか

総計	ゼロ表示	時の推移の結果表現	then	近接未来	その他
		finally 22 eventually 10 at length 11 at last 7 after a while 9 after 3 after a moment 3 その他 4		soon 26 before long 6 その他 10	before 7 until 3 その他 2
201 例	62 例 (31%)	69 例 (34%)	16 例 (8%)	42 例 (21%)	12 例 (6%)

もちろん, このデータは網羅的なものではないが,「やがて」のもつ,「時の推移」のプロセス体験は, 英語においては, 表現されないか, あるいは,「結果」として把握される傾向があるとの本書での主張は, データ的にも裏づけられたと言うことができる。

逆に, 次は, 日本語で,「やがて」と訳出されている場合, その原文の英語はどのような表現であったのかを示したものが, 7 冊の小説[3]から集めた次の 306 の用例について調べた (28) である。

---

[2] 8 冊の小説は次の通り。『こころ』(Kokoro),『雪国』(Snow Country),『侍』(The Samurai),『凍える牙』(The Hunter),『塩狩峠』(Shiokari Pass),『戸隠伝説殺人事件』(Togakushi Legend Murders),『龍は眠る』(The Sleeping Dragon),『竹光始末』(The Bamboo Sword)。

[3] 7 冊の小説は次の通り。The Hammer of Eden (『ハンマー・オブ・エデン』),

(28)　どのような英語表現が「やがて」と訳出されているか

総計	ゼロ表示	時の推移の結果表現	then	近接未来	その他
		finally 14 eventually 11 at length 10 at last 10 after a while 9 a few moments 　later 4 その他 17		soon 2 その他 4	now 18 until 8 before 4 その他 5
306 例	82 例 (27%)	75 例 (25%)	108 例 (35%)	6 例 (2%)	35 例 (11%)

ここにおいては，(27) とは全く逆に，英語での「ゼロ表示」や「結果表現」が，日本語訳においては，時の推移のプロセスとして体験的に捉えられる傾向があることが統計的にも示されたと言うことができる。

3.3.2.6.　『こころ』における「やがて」の英訳をめぐって

　ここで，夏目漱石の『こころ』に現れる「やがて」に対する，米国人の Edwin McClellan と日本人の近藤いね子の英訳を比べてみたい。McClellan 訳と近藤訳の『こころ』の英訳の対比については，Hinds (1987) の他動性の観点等からの研究があるが，米国人と日本人の英訳には，「時の推移」に関する捉え方の違いが表れているのではないかと予想される。

　例えば，次の例での McClellan と近藤の英訳を比べてみよう。

The Pillars of the Earth (『大聖堂』)，*The Black Ice* (『ブラック・アイス』)，*Hotel* (『ホテル』)，*The Moneychangers* (『マネーチェンジャーズ』)，*Breakheart Hil* (『夏草の記憶』)，*The Da Vinci Code* (『ダ・ヴィンチ・コード』)。

第3章 「時・事象の推移の体験」に関わる表現　　49

(29)　私はもう何時かとまた尋ねました。K は一時二十分だと答
　　　えました。やがてランプをふっと吹き消す音がして，家
　　　じゅうがまっ暗なうちに，しんと静まりました。

（夏目漱石『こころ』: p. 222）

　　a.　"What time is it?" I asked. "Twenty past one," replied
　　　　K. I heard him blow out the lamp. The house was
　　　　now completely dark. I felt suddenly the silence
　　　　around me.　　　　(*Kokoro*: p. 209, (tr.) by E. McClellan)

　　b.　K replied that it was twenty minutes past one. Then I
　　　　could hear him blowing the lamp out, and all the
　　　　house was hushed in darkness.

（*Kokoro*: pp. 236-237, (tr.) by I. Kondo）

(30)　やがて夏も過ぎて九月の中ごろから我々はまた学校の課業
　　　に出席しなければならないことになりました。

（同上 : p. 207）

　　a.　Summer finally came to an end. About the middle of
　　　　September, we began once more to attend lectures at
　　　　the university. (*Kokoro*: pp. 194-195, (tr.) by E. McClellan)

　　b.　Soon the summer being over, we had to go to school
　　　　in the middle of September.

（*Kokoro*: p. 221, (tr.) by I. Kondo）

(29a) の McClellan 訳では「やがて」が無視されているのに対し，
(29b) の近藤訳では then と訳され，また，(30a) の McClellan 訳
では結果志向の finally が用いられているのに，(30b) の近藤訳で
は，未来志向の soon が用いられていることが注目される。ちなみ
に，「やがて」は『こころ』に 12 例あるが，McClellan 訳と近藤訳
の比較の結果は次のようなものとなっている。

50

(31) 『こころ』における「やがて」の McClellan 訳と近藤訳の比較

	ゼロ表示	時の推移の結果表現	then	近接未来
McClellan 訳	5	finally 1 after a while 1 at last 1 a moment or later 1	3	
近藤訳	3		6	presently 1 soon 2

この表からも，McClellan 訳には，「時の推移」そのものは表現の把握対象とはせず，ゼロ形，あるいは，推移の結果として捉える傾向があるのに対し，近藤訳からは，「やがて」の推移の意味合いを臨場的に体験し，その感覚を英語で表現しようとする傾向が見てとれる。finally のような「時の推移の結果表現」が McClellan 訳では 4 例もあるのに対して，近藤訳ではゼロ，逆に，「時の推移」を示す then や soon のような近接未来を表す表現は，McClellan 訳では 3 例しかないのに，近藤訳では 9 例もあることは，その傾向をはっきり示していると言えよう。

3.4. 「事象」の推移表現

3.4.1. 類像性の原理における日英語の比較 ―平面性と立体性―

「なる」や「やがて」は，「時」の「推移」を「体験的」に把握した表現であることを見たが，このような「体験的」な把握の仕方は，「事象」の推移についても当てはまることが予想される。もしそうであれば，事象の推移は，時の推移に沿って表現されることになり，「生じた出来事の順序（記号内容）と連接される節の順序（記号表現）とが一致している」(坪本 (1998: 107)) という類像性の連続性の原理に従うことになる。事象の推移に対する，このような捉え方は，「時の推移」の場合のように，「体験的」な把握であるが，また，

第3章 「時・事象の推移の体験」に関わる表現 　51

同時に,「平面的」で「連続的」な把握であるとも言える。と言うの
も,事象の推移に沿うままの一方方向の表現は「平面的」でかつ
「連続的」なものになると考えられるからである。これに対し,物
語での内容がすべて終わったという前提で語られる「分析的」な把
握の英語においては,言語表現は事象の推移に沿うものである必要
はなくなり,よって,出来事の順序と表現される順序の平行性には
こだわらない「立体的」な把握が予想されることになる。

　以下,事象の推移表現に関連し,日本語表現と英語表現を「平面
性」と「立体性」の観点から見ていきたい。[4]

3.4.2. 「S1 と, S2」と英語の対応表現

　「S1 と, S2」構文の性質については,森田 (1986),坪本 (1998),
中島 (2001) 等で論じられているが,この構文には,語りの現場で
の「認知状況の継起」(中島 (2001: 116)) という「体験性」が反映さ
れていると考えられる。

　以下,「S1 と, S2」構文がどのような英語に訳出されているの
か,また逆に,「S1 と, S2」と訳出された日本語にどのような英語
原文が対応しているのかについても合わせて検討していきたい。

3.4.2.1. 「S1 と, S2」と "When S1, S2" が対応する場合

　まずは,「S1 と, S2」が,"When S1, S2" と訳出される事例で
ある。[5]

　(32)　おがわに　つく<u>と</u>,　みんなは　めだかのこを　そーっと

---

　[4] 安井 (1997: 28) は,「英語の感じは寄せ木細工的,日本語の感じは友禅流し
的」としているが,この印象は,多分に,英語の「立体性」と日本語の「平面性」
によるものと思われる。
　[5] "When S1, S2" と "S2, when S1" に対応する日本語表現については,巻下
(1979) でも論じられているが,このことについては,尾野 (2011: 24-25) の注
2 を参照されたい。

はなしてやりました。

(なかやみわ『そらまめくんとめだかのこ』: p. 25)

When they reached the stream, they gently let the little fish go. (*Big Beanie and the Lost Fish*: p. 27)

この例では，日本語原文の語りの現場での S1 と S2 の出来事連鎖が，英訳では，"When S1, S2" と，S1 と S2 が，従節と主節の関係として捉えられているが，これは，S1 と S2 の全体を視野に入れることのできる「場面外」の視点では，S1 と S2 の関係づけに関心がいくためと考えられる。この When S1 における S1 は，確かに，S というコトを表しているが，日本語のような，現場の事象そのものを表す体験的な S ではなくて，過去のある出来事として「場面外」から距離感をもって捉えられ，現場とは切り離された分析的な S として扱われていると考えるべきである。

一方，次の例は，英語原文の "When S1, S2" が，「S1 と，S2」の出来事連鎖として訳出されている。ここでは，(32) とは逆に，英語原文の客体化された S が，日本語では，現場の事象そのままを表す体験的な S に捉え直されている。

(33) When they passed the Tuckers' house, Lilly was practicing a sonata. (S. London, *Firehorse Max*: p. 20)

タッカーさんの家のそばを通ると，リリーがヴァイオリンの練習をしていました。 (『しょうぼう馬のマックス』: p. 20)

3.4.2.2. 「S1 と，S2」と "S1, but S2" が対応する場合

次の例を見てみよう。

(34) みほちゃんが　げんかんへ　かけだしていくと，ままは，もう　かぎをはずして，にこにこがおで，たっていました。

(しみずみちを『はじめてのおるすばん』: p. 24) (＝第2章 (43))

Meg ran to get the door, but Mommy had already opened

第3章 「時・事象の推移の体験」に関わる表現　　53

it with her key, and was standing there with a big smile.

(*Ding-Dong!*: p. 25)

この例では，「S1 と，S2」に対応する英訳として，"When S1, S2"
ではなく，"S1, but S2" が用いられているが，これは，S1 と S2
に，主節，従節の関係よりは，対立という論理関係をより見いだし
たためである。当然のこととして，but の使用が可能であるために
は，あらかじめ，S1 と S2 の関係を客観的に把握できる「場面外視
点」であることが求められる。一方，事態の進行に沿って，「平面
的」，「連続的」に語る「場面内視点」による日本語原文では，前
もって先を見ることはできず，S1 の事象が終了した時点では，but
の使用は予測できないということになる。

　逆に，英語原文の "S1, but S2" が，「S1 と，S2」と体験的に訳
出され得る事例があることは，when の場合と同様である。

(35)　Mama sat down on the edge of the bed, but Geraldine
　　　slid off the other side and walked out the door.

(H. Keller, *Geraldine's Baby Brother*: p. 13)

　　　ママが　ベッドに　すわると，ジェラルディンは　ぴょん
　　　と　とびおりて，へやから　ででいってしまいました。

(『ジェラルディンの　きょうから　おねえちゃん』: p. 13)

3.4.2.3. 「S1 と，S2」と "S1 to do S2" が対応する場合

　「S1 と，S2」の S2 が，次のように，分析的に「目的を表す to 不
定詞」である "to do S2" に対応する場合があるが，これは，もち
ろん，S1 と S2 に，S2 の目的のために S1 の行動をするという論
理関係を見いだしたためである。

(36)　まい朝，早く起きると，スーホは，おばあさんを助けて，
　　　ごはんのしたくをします。（大塚勇三『スーホの白い馬』: p. 4）

　　　He'd get up early in the morning to help his grandmother

prepare their breakfast ...   (*Suho's White Horse*: p. 4)

この場合も，逆に，英語原文の「目的を表す to 不定詞」が，出来事連鎖を表す「S1 と，S2」と体験的に訳出される事例がある。

(37) They wind me <u>to make</u> me run around in circles, ...

     (L. Lionni, *Alexander and the Wind-Up Mouse*: p. 8)

ぜんまいを　まく<u>と</u>　ぐるぐる　はしるんだ。

        (『アレクサンダとぜんまいねずみ』: p. 8)

3.4.2.4.「S1 と，S2」と "S1 until S2" が対応する場合

次の (38) は，「S1 と，S2」が，"S1 until S2" と訳出されている場合であるが，この表現では，「場面外視点」によって，S2 の事象が先取りされていると言えよう。

(38) 植込みの中を一うねりして奥へ上る<u>と</u>左側に家があった。

          (夏目漱石『こころ』: p. 68)

We followed the winding path through the grove <u>until</u> we reached the house, which was on our left.[6]

       (*Kokoro*: p. 57, (tr.) by E. McClellan)

この until の事例についても，逆に，日本語訳では，体験的に「S1 と，S2」と訳出されている場合がある。

(39) ..., where the very old woman gave it a warm bath and brushed its fur <u>until</u> it was soft and shiny.

        (W. GÁG, *Millions of Cats*: p. 25)

それから　おばあさんが，ねこを　おゆで　あらって，よ

---

[6]　ちなみに，この箇所は近藤訳では次のようになっている。

(i) Winding our way upwards through the plantation, we found a house
  on the left.   (*Kokoro*: p. 65, (tr.) by I. Kondo)

分詞構文が用いられているこの英訳には，「体験性」が感じられる。

第3章 「時・事象の推移の体験」に関わる表現　　55

く　こすって　やると，ねこの　けは，やわらかく　ふわ
ふわに　なりました。　　　　　（『100まんびきのねこ』: p. 25)

3.4.2.5.　日本語のS「コト」と英語のN「モノ」が対応する場合

　「S1と，S2」構文に関わるこれまで論じてきた事例は，英語と日
本語の双方において，それぞれの二つのSの形が対応するもので
あったが，SとNが対応する事例がある。

　まずは，日本語原文の体験的なコトを表すSがモノを表すNと
英訳される場合である。

(40)　「わあ，これ　どうするの」ふくろの　やまが　できると，
　　　みんなは　いった。（さとうわきこ『たいへんなひるね』: p. 17)
　　　"Gee! What are we going to do with all these?" ask the
　　　animals as they look at the mountain of bags.
　　　　　　　　　　　　　　　（*Grandma Baba's Sunny Spring!*: p. 17)

ここでは，「やまができると」のSが the mountain of bags とN
で訳出されている。さらに，as they look at the mountain of bags
が，ask the animals の後に生じていることにも注目すべきである。
と言うのも，現実に起こった順としては，日本語原文におけるよう
に，「ふくろのやまができる」が先で，「みんなはいった」は後であ
るからである。[7]

　次は，逆に，英語原文のNが，日本語では体験的なSとして訳
出されている場合である。

(41)　"Beans make you strong," …
　　　　　　　　　　　　　　　　（H. Keller, *Geraldine First*: p. 4)
　　　「まめを　たべると　つよくなれるんだよ」
　　　　　　　　　　　　　　（『ジェラルディンとおとうとウィリー』: p. 4)

────────────

[7] このことについては，本章の3.5節と注8を参照されたい。

3.4.2.6. 本節のまとめ

　日本語原文の体験的な「S1 と，S2」構文は，英語では状況に応じて，少なくとも，"When S1, S2", "S1, but S2", "S1 to do S2", "S1 until S2", という四つの異なった構文に分析されることを見た。これは，S1 と S2 を，「場面外」から見ることによって，「時間過程の外に立ち，すでに出来上がったものとして，事後的に，〈部分〉間の関係を解釈する——これは〈空間的〉な捉え方になる——」（坪本（2009: 348））ことが可能になるためと考えられる。

　一方，逆に，S1 と S2 の関係が明示された四つの別個の英語原文は，すべて「S1 と，S2」という体験的な同一の構文に訳出され得るが，これは，出来事連鎖に対する体験的な把握，すなわち，「われわれが〈時間〉に浸された存在として事象を捉えるという，〈身体性〉に裏打ちされた」（坪本（2009: 348））捉え方においては，二つの S が「時間の連続的な流れ，空間的な広がりの中にひとつの出来事として体験」（坪本（2009: 305））されることになり，そこに，when, but, to do, until といった分析的把握による関係づけは，何ら存在していないためである。また，日本語の S「コト」と英語の N「モノ」が対応する事例についてもふれたが，その意味では，「S1 と，S2」は，日本語の「元型的な体験の構図への拘わり」（池上（2000: 295））を保持した構文であると言えるかもしれない。もっとも，この点に関しては，「知覚と認識が融合した認知」という事態把握の様式それ自体が，「元型的な体験の構図」を保持していると言うべきであろう。

3.5. 時・条件・理由を表す副詞節の生起位置の比較

　日本語では，「場面内視点」であるために，副詞節の生起が，起こった順に述べられることになり，その結果，主節の前に述べられるが，英語では事象が立体的に捉えられるために，連続性の原理に

第3章 「時・事象の推移の体験」に関わる表現　　57

従う必要はないということになる。[8]

(42)　グリーンピースの　きょうだいの　ベッドは　みずを　い
　　　れたとたん，くのじに　まがってしまいました。
　　　　　　　　　　（なかやみわ『そらまめくんとめだかのこ』: p. 20）
　　　The Green Peasley brothers' and sisters' bed drooped
　　　when it was filled with water.
　　　　　　　　　　　　　　　　（*Big Beanie and the Lost Fish*: p. 22）

(43)　「そのうち，ゆきが　ふれば　なおるさ。うんと　ひやせ
　　　るからね」　　　　　（中川正文『ねずみのおいしゃさま』: p. 26）
　　　"I'm sure my fever will get better when it snows.　Then I
　　　can cool myself."　　　　　　　（*Dr. Mouse's Mission*: p. 26）

　一方，次は英語原文の例であるが，対応する日本語訳では，平面
的に，連続性の原理に従った語順に並べ替えられている。

(44)　"Now I'll hide," said Marcel when he found her.　And he
　　　hid right behind the tree …
　　　　　　　　　　　　　（H. Keller, *Farfallina and Marcel* : p. 5）
　　　マルセルは　ファルファリーナを見つけると，「こんどは
　　　ぼくがかくれるよ」と言って　木のまうしろに　かくれま
　　　した。　　　　　　　　　　（『ファルファリーナとマルセル』: p. 5）

───────────

　[8] 濱田（2011: 78）は，副詞節が主節よりも前置される理由について，次のよ
うに述べている。「日本語話者は出来事を「場面内視点」で捉え，……参照点構
造で出来事の連鎖を捉えるため，参照点となる出来事は必然的にターゲットとな
る出来事の前に言語化されることになります。それに対して，英語話者のように
「場面外視点」で出来事を捉えるということは，……　2つの出来事が視界の中に
あり両者を「論理的関係」で捉えることになるので，機能主義的視点を考慮しな
ければ，どちらが先に言語化されても問題はないということになります。」つま
り，これは，「場面内」においては，現場で生きた時間が流れており，出来事は
現場の時の流れに沿って生じているが，「場面外」においては，現場の時の流れ
はないということである。

(45) She did not have much coal or water left <u>as she had lost her tender</u> ...   (V. L. Burton, *CHOO CHOO*: p. 24)

<u>たんすいしゃが　なくなったので</u>，せきたんも　みずも，あと　すこししか　ありません。

（『いたずらきかんしゃ　ちゅうちゅう』: p. 24)

「場面内視点」においては，「視点」は，現場で進展する事象とともにあるので，連続性の原理に従わない語順はあり得ないということになる。

3.6. 「紙芝居的手法」

場面の実況中継という点について言うならば，これは，絵本の場合だけの特徴とも考えられるが，あえて，ページの最後で文を完結せず，サスペンスを持たせて，次ページでその続きを完結させる用法がある。一方，これに対応する英訳としては，ページ内で文を完結する場合が多い。

(46) 「わーい，すすめー！」と　そらまめくんが　さけんだとたん……　　（なかやみわ『そらまめくんとめだかのこ』: p. 10）

Then Big Beanie shouted, "All right! Full speed ahead!"

(*Big Beanie and the Lost Fish*: p. 12)

(47) それから　もうふと　まくらを　もってくると—

（さとうわきこ『いそがしいよる』: p. 7）

Then she gets her pillow and blanket.

(*Grandma Baba's Busy Night!*: p. 7)

(48) 「うまい！」ぐりと　ぐらが　てをたたくと，

（中川李枝子『グリとグラとくるりくら』: p. 10）

Guri and Gura clap and shout with joy, "Brilliant! Amazing!"　　(*Guri and Gura's Magical Friend*: p. 10)

第3章 「時・事象の推移の体験」に関わる表現　　59

　逆に，次は英語原文ではページ内で完結しているのに，日本語訳では，ページ内であえて完結させず，サスペンスを持たせて次ページに進んでいる例である。

(49)　The shadow hooted again.　　　　(J. Yolen, *Owl Moon*: p. 21)
　　　　その影は　また　"ほーほう"とないた
　　　　そのとき　　　　　　　　　　　　（『月夜のみみずく』: p. 21）

(50) a.　Oh horrors! I should have closed the door!
　　　　　　(D. Freeman, *Quiet! There's a Canary in the Library*: p. 27)

　　　b.　ちいさな　ねずみたちは　ちょろちょろ
　　　　　ちょろちょろ　はしりまわって……
　　　　　　（『しずかに！ここはどうぶつのとしょかんです』: p. 27）

これらの日本語の用例は，いわば，意図的にサスペンスを読者に持たせて次の場面に進む，「紙芝居」的な手法とも言えるものであるが，この手法は，語り手が，事態の進行に沿って，リアルタイムで語る，「平面的」で「連続的」な「場面内視点」であればこそ，その手法の威力がより発揮されることとなる。[9]

　さらに，「紙芝居」においては，絵と絵を説明する言語表現は，重なり合うことが求められるが，「場面内視点」においては，「視点」が現場にあるため，より，画像に忠実な描写が可能になると思われる。ちなみに先の (50) の *Quiet! There's Canary in the Library*（『しずかに！ ここはどうぶつのとしょかんです』）[10] の絵は，次の (51)

───────────

[9]　ちなみに，アメリカに紙芝居はないとのことである（2016.3.30. BS 朝日「黒柳徹子のコドモノクニ SP」でのアーサー・ビナードによる）が，このことには，時間の流れにそって進む平面的で連続的なストリー展開が求められる紙芝居に，時の流れを持ち得ない立体的な英語は向いていないということが関わっているように思われる。

[10]　原題の *Quiet! There's Canary in the Library* とその邦題の（『しずかに！ここはどうぶつのとしょかんです』には，Canary という個別的なモノに焦点を置いているのか，それとも，「どうぶつのとしょかん」という全体の雰囲気を重

である。

(51)

もし，(51) を，紙芝居の絵とするならば，絵のそのままの説明である (50b) の日本語訳のほうが，紙芝居の表現として，はるかにふさわしいことは言うまでもない。

3.7. まとめ：「時の流れ」の方向性に係わる日英語の語法の相違

以前から，次のような日本語と英語の空間的・時間的な方向性に関する表現の相違が指摘されてきた。

(52) 「首位まで3打差」
 "3 behind the leader" (影山 (2002:18))
(53) a. 「友人だったあの人たちは喧嘩別れした」
 "They were friends before the argument."
 b. 「お先にどうぞ」
 "After you." (久泉 (2005: 114-115))

視したものかの違いが見いだされるが，これは，第6章6.3節の「オリジナル版と日本版映画ポスターのタイトルの違い」で論じられる違いが，そのまま，あてはまる興味深い例であると言える。

第3章 「時・事象の推移の体験」に関わる表現　　61

　このような対照的な表現について，影山（2002）や久泉（2005）は，次のように述べている。

(54)　（英語は）「予定された未来の時点に立って，そこから現在
　　　を振り返る」　　　　　　　　　　　　　　　　（影山（2002: 18））

(55)　日本語の発想では歴史的順序で，英語の発想ではそれに逆
　　　行する方向で視点が定められている。（久泉（2005: 114-115））

しかし，問題はなぜそのような表現の違いが生じるのかということであるが，このことについても，「体験的把握」の「平面的」な視点と，「分析的把握」による「立体的」な視点という観点からの説明が可能である。そもそも「未来の時点から現在を振り返る」ためには，「分析的」で「立体的」な視点が必要とされよう。

　次の（56）のような日英語の表現の違いも，「体験的把握」と「分析的把握」の違いが関わっていると考えられる。

(56)　さかなつりや　山のぼり
　　　くらくなるまで　あそんでくらす
　　　　　　　　　　　　　（中川李枝子『ぐりとぐらの1ねんかん』: p. 17）
　　　Let's go fishing and then hiking in the hills.
　　　No worries, no cares, we'll play the days away,
　　　From dawn 'til dusk.
　　　　　　　　　　　（*Guri and Gura's Playtime Book of Seasons*: p. 17）

ここで注目する箇所は，「くらくなるまで」とその英訳である "From dawn 'til dusk" であるが，英語の dawn と dusk を取り入れた対称的な表現は，あくまで，過去の dawn と未来の dusk の両方を見渡せる「場面外」の「立体的視点」であればこそ可能な表現である。時が一方方向にしか流れない日本語での「場面内」の「平面的視点」では，過ぎ去った過去に言及する「朝から」（"From dawn"）は表現する必要もなく，そのため，「くらくなる」だけが表現されている非対称的な表現になっていると考えられる。

次の例にも，同じような違いが感じられよう。

(57)　豆太は，……よいの口からねてしまった。
（斉藤隆介「モチモチの木」『モチモチの木』: p. 73）

Mameta ... was fast asleep before dark.
(*The Tree of Courage*: p. 17)

ここにおいても，「よいの口から」の一方方向への時の流れの平面
的な視点と，「未来から現在を振り返る」立体的な視点による "be-
fore dark" との対比が表れていると言えよう。

第4章 「感覚・感情体験」・「共感体験」に関わる表現

4.1. はじめに

　これまで，第2章と第3章では，「視覚体験」と「推移体験」に関わる表現について，対応する英語表現には，全く，日本語の「視覚体験」，「推移体験」の表現が表れないか，あるいは，対応表現があるにしても，「視覚性」と「推移性」は表れていないということを見てきた。

　池上（2004: 23）は〈体験〉について，「〈体験〉とは，発話の主体が直接自らの身体において事態を感知し，経験しているということ，そしてそれに誘発される形で何らかの気持ち，感情，想いが心に浮かんでくることまでを含むものとする」としているが，「事態の感知」が，主に視覚等の知覚的な事態把握によってなされることは，すでに第2章で見た通りである。

　本章で扱う，「感覚・感情体験」は，物語の主人公に語り手が共感しているとの観点からすれば，「共感体験」とも言える。その意味では，「感覚・感情体験」と「共感体験」は，原理的には区別することができないが，以下の小節では，便宜的に扱う内容によって，「感覚・感情体験」と「共感体験」に分けていることをお断りしておきたい。（もっとも，この点においては，「視覚体験」にも，語り手

の主人公への「共感体験」が含まれていることは言うまでもない。[1]

なお，本章で扱う感覚・感情表現も，第1章で論じた日本語の「体験的把握による認知」すなわち，「知覚と認識が融合した認知」の特徴が表れたものであるが，特に，「知覚」部分が，「感覚」「感情」で捉えられた表現であるということになろう。

以下，本章では，「〜そうに」「〜ように」「オノマトペ」といった「感覚体験」，「びっくりした」「驚いた」の「感情体験」が，分析的な英語ではどのように訳出されるのか，また，どのような英語表現が，体験的な「感覚・感情表現」の日本語に訳出されるのかを見ていきたい。また，「直接話法」と共に生じる「伝達動詞」と「感情表現」の日英語の違いについても見てみることにする。

4.2. 「感覚・感情体験」

4.2.1. 「〜そうに」「〜ように」

「〜そうに」であれ，「〜ように」であれ，これらの語が何を表すのかについては，おびただしいまでの文献があるが，ここでは，森田の説を紹介しておくにとどめたい。

まず，「そうに」についてであるが，森田（1986: 592）は，「そうだ」について「対象から受ける印象である。その対象が現在示している特徴的な様態から受ける<u>視覚的な</u>状態判断である（下線部筆者）」としている。[2] ここでの「対象から受ける印象」とは，あくま

---

[1] 熊谷（2011: 143）は，俳句や短歌でうたわれるのは，「目前の景色であり，それとあわせて表される心の景色である。俳句や短歌は，語ったり，論じたりするものではない。それが求めているものは，「共に視る」ことである。わずかなことばで表された世界を共視することで，その背景にある景色の広がりや心のひだを共有しようとする。」としている。これは，本書での見地からすれば，景色の視覚体験は，同時に，心的体験でもあり共感でもあるということを意味しよう。

[2] 「そうに」については，先の第2章の2.3.2節の例文（47）の「ふしぎそうな顔」についての注3を参照されたい。

第4章 「感覚・感情体験」・「共感体験」に関わる表現   65

で，現場の場面での語り手の「視覚・感覚体験」とも言うべきもの
である。

　次の例を見てみよう。

(1)　のっぽくんが，<u>とくいそうに</u>　いいました。
　　　　　　　　　　（渡辺茂男『しょうぼうじどうしゃ　じぷた』: p. 5)
　　Lanky said <u>proudly</u>, …　　　　　　(*Jeeper the Fire Engine*: p. 5)

(2)　"My stomach's out of water again," announced the dragon
　　<u>cheerfully</u>.　　　　(R. S. Ganett, *Elmer and the Dragon*: p. 16)
　　「ぼくのおなかが，また，水の上にでたあ。」と，りゅうが，
　　<u>うれしそうに</u>いいました。　　（『エルマーとりゅう』: pp. 31-32)

これらの例では，単に英語の副詞が「〜そうに」に置き換えられた
だけのようにも思えるが，例えば，proudly は事実として客観的に
述べられているのに対し，「とくいそうに」では，語り手の現場で
の印象や感覚として述べられているという違いがあり，この語り手
の視覚・感覚的な印象を表す「〜そうに」のニュアンスは，英語で
は表されていない。

　さらに，そもそも，「〜そうに」に対応する英語表現が全く表れ
ていない場合もある。

　次の例を見てみよう。

(3)　じっさい，衣類の端は<u>寒そうに</u>動いていた。が，動いてい
　　るのはそれと，髪の毛ぐらいなものであった。
　　　　　　　　　　　　　　　　　　　　　（松本清張『点と線』: p. 23)
　　The loose ends of the wrappings that covered them flut-
　　tered in the wind; they were the only things that moved
　　—they, and the long hair.　　　　　　(*Points and Lines*: p. 18)

(4)　空は青く晴れ，帆は<u>満足そうに</u>膨れ，……
　　　　　　　　　　　　　　　　　　　　　（遠藤周作『沈黙』: p. 32)
　　The sky was clear and blue; the sail bellied out in the

wind; ... （*Silence*: p. 23）

(5) Then he padded over to the story corner and went to sleep. (M. Knudsen, *Library Lion*: p. 7)

それから，えほんのへやで，<u>きもちよさそうに</u>　ねてしまいました。 （『としょかんライオン』: p. 7）

(6) "I'm on my way home to the great high mountains of Blueland!" he shouted to the evening skies.

(R. S. Gannett, *The Dragons of Blueland*: p. 1)

「さあ，ぼくは，たかい山にかこまれた『そらいろこうげん』──ぼくのうちへかえるんだ！」りゅうは，夜空にむかって，<u>うれしそうに</u>さけびました。

（『エルマーと 16 ぴきのりゅう』: p. 11）

(3) の「寒そうに」，(4) の「満足そうに」は，英訳では無視され，また，逆のパターンである (5), (6) においては，英語原文にない，「きもちよさそうに」「うれしそうに」が新たに付け加えられているが，これは，主人公と一体化した語り手の，現場で沸き起こった，「視覚・感覚体験」とも言えるものである。

次は，「ように」の例である。「ようだ」について，森田（1986: 593）では，「視覚的印象ではなくて，感覚的に催す気分」であるとしている。

ここでも，「～そうに」の場合と同じように，「～ように」に対応する英語表現が表れていない場合がある。

(7) ……あせが<u>たきのように</u>流れおちています。

（大塚勇三『スーホの白い馬』: p. 37）

Sweat was pouring from him, ...

（*Suho's White Horse*: p. 37）

(8) Kate scratched her head. (H. Keller, *The Best Present*: p. 7)

ケイトは<u>こまったように</u>頭をかきました。

（『いちばんすてきなプレゼント』: p. 7）

（7），（8）に対応する英語表現では，"pouring"，"scratched her head"という観察可能な外面的な描写だけで，「たきのように」「こまったように」におけるように，〈見え〉に対する感覚的な印象は表されていない。

結局，これらの日本語原文の「ように」「そうに」は，あくまで，語り手の，事態把握の際における〈見え〉に対する知覚体験を表しているのであって英訳され得ないものである。逆に，英語原文の日本語訳では，事象が体験的に把握され，原文にはなかった，現場で沸き起こった感覚が，「そうに」「ように」で現れている。

4.2.2. オノマトペ

話し手の始原的な身体感覚を表すとされるオノマトペは，他の表現とは別個の表現として扱われるのが一般的であるが，この表現も，日本語の，「知覚と認識が融合した認知」による事態把握の延長として捉えられるべきであると思われる。ただ，オノマトペは，「知覚」そのものが，いわば，「知覚的認識」として表現されている点に，その特徴があると言える。その意味では，オノマトペは，日本語の「体験的事態把握」が，最も発揮された表現とも言えるかもしれない。一方，英語による事態把握では，「知覚」による認識がないので，対応する英語表現では，これらの語り手の体感は表しようもないということになる。[3]オノマトペの例は，無尽蔵とも言えるほどであるが，いくつか見ておきたい。

まずは，日本語原文にオノマトペが用いられている例である。

(9) 「ぴん・ぽーん」　みほちゃんは　<u>どきっとしました</u>。
（しみずみちを『はじめてのおるすばん』: p. 21）

---

[3] 濱田（2017: 59）は，オノマトペが日本語では豊富であるのに対し，英語では未発達であることを，角田（2016: 52）の図を引用して，次の（i）のように述べている。

"Ding-dong!"　Meg jumped.　　　　　　(*Ding-Dong!*: p. 20)
(10)　ねずみの　おいしゃさまは、<u>どんどん</u>　あなの　なかへ、はいっていきました。

(中川正文『ねずみのおいしゃさま』: p. 12)

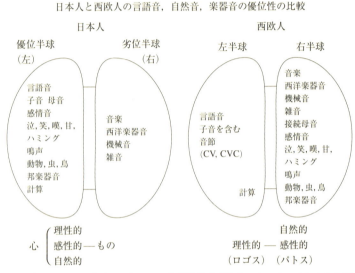

(i)　この図で重要なことは，日本語話者は感情音や鳥や虫の鳴き声を左脳（言語脳）で聴くのに対して，英語話者はそうした音を右脳（非言語脳）で聴くということである。このように感情音や鳥や虫の鳴き声を言語脳で聴くということは，そこに意味を見いだすことを可能にするということであり，このために「とぼとぼ」「こそこそ」……は単に歩き方の在り様（様態）を述べているのではなく，そこに情緒的な意味を感じ取ることができるのである。それに対して，英語話者は鳥や虫の鳴き声を非言語脳で聴くので，そこに意味を見いだすことができない。そのために擬態語が未発達なのであると考えることができる。

このことは要するに，日本語の「知覚と認識が融合した認知」においては，言語音の他に「知覚（感覚）」も「左脳」（言語脳）で捉えられるのに対し，英語の「メタ認知」においては，言語音のみが「左脳」（言語脳）で捉えられるということである。

第 4 章 「感覚・感情体験」・「共感体験」に関わる表現 69

Doctor Mouse went in the entrance hole. Deep inside the
home, a family of frogs was asleep.

(*Dr. Mouse's Mission*: p. 12)

(11) だんだん くらくなってきました。

(林明子『こんとあき』: p. 34)

By now, it was getting dark.

(*Amy and Ken Visit Grandma*: p. 34)

(9) の「どきっ」は，主人公の内面を体験的に語ったオノマトペで
あるが，対応英語表現は，"jumped" という身体の移動を客観的に
述べただけの表現となっている。また，(11) の「だんだん」には，
"was getting dark" の進行形の意味が部分的に対応していると思わ
れるが，(10) の「どんどん」に対応する英語表現は存在しない。

　一方，次の例は，オノマトペのない英語原文の日本語訳に，オノ
マトペが表れている場合である。これは，語り手が，現場の事象の
雰囲気を知覚体験そのものとして捉えたためである。

(12) Pretty soon there were more of them on the road and
fewer carriages pulled by horses.

(V. L. Burton, *The Little House*: p. 14)

そして まもなく，そういう くるまは どんどん ふえ
て，ばしゃは へっていきました。

(『ちいさいおうち』: p. 14)

(13) At first, the wind blew in great gusts. Then it quieted.

(H. A. Rey, *Curious George*: p. 50)

はじめ，かぜは ぴゅうぴゅう ふいていましたが，その
うち，だんだん おさまってきました。

(『ひとまねこざるときいろいぼうし』: p. 50)

(14) Nutmeg stood up. (D. Lucas, *Nutmeg*: p. 5)

ナツメグは すっくと たちあがりました。

(『ナツメグとまほうのスプーン』: p. 5)

4.2.3. 主人公と語り手の「共通感覚体験」

先の 4.2.1 節の「～そうに」「～ように」や，4.2.2 節の「オノマトペ」による語り手の体験性・感覚性を表す表現は英語では表し得ないものであった。これらの表現は，英語原文にない場合は，日本語訳で付け加えられ，逆に，日本語原文でのこれらの表現は，英訳においては，把握の対象からは抜け落ちたものとなっている。

本節では，「～そうに」「～ように」「オノマトペ」以外の感覚表現を取り上げる。以下の例では，語り手が，主人公と一体化した，「共通感覚体験」が表れていると言える。語り手が，主人公に「自己投入」（池上 (2004: 38)）し，主人公の気持ちや，場面の雰囲気を語り手が体験したものである。

これらの表現の事例も限りないが，まず，次の英語原文と日本語訳を見てみよう。これらの日本語訳には，英語原文にはない，語り手の語りの現場での心的体験が付け加えられているという特徴を有するものである。

(15)　And then the <u>games</u> began.

(E. Beskow, Olle's Ski Trip: p. 18)

さあ，<u>ゆかいなこと</u>がはじまりました。

(『ウッレと冬の森』: p. 18)

(16)　But Freddie's <u>Summer</u> <u>soon passed</u>.

(L. Buscaglia, The Fall of Freddie the Leaf: p. 11)

けれど　<u>楽しい夏</u>は<u>かけ足で通り過ぎて</u>いきました。

(『葉っぱのフレディ』: p. 11)

(17)　After a good meal and a good pipe George <u>felt very tired</u>.

(H. A. Rey, Curious George: p. 26)

おいしい　ごはんを　たべて，いっぷくすると，じょーじは　いっぺんに　<u>つかれが　でて，ねむたくなりました</u>。

(『ひとまねこざるときいろいぼうし』: p. 26)

(18)　… in the night, under the sky.　She thought about the

第 4 章 「感覚・感情体験」・「共感体験」に関わる表現　　71

wide world all around her and smiled.

(J. Bean, *At Night*: pp. 26–28)

よるの　そらは　ひろびろと　して，せかいが　<u>どこまで</u>
<u>も　どこまでも</u>　つながっていくのを　かんじます。

(『よぞらをみあげて』: pp. 26–28)

たとえば，(16) の英語原文の直訳の「(フレディの) 夏はすぐに過
ぎた」が「楽しい夏はかけ足で通り過ぎていきました」に，(17) の
「(ジョージは) 非常に疲れた」が「いっぺんに　つかれが　でて，
ねむたくなりました」といった具合に，これらの日本語訳には，原
文にはなかった，主人公の心的体験と語り手の心的体験がオーバー
ラップして付け加えられているのである。[4]

　これらのことについては，以下のようにまとめられると思われる。

(19)　体験的事態把握では，分析的事態把握とは異なって，現場
　　　に密着していることから，現場の知覚体験に誘発される形
　　　で，自然発生的にさまざまな「気持ち，感情，想い」といっ
　　　た emotion が，心に沸き起こりやすい。

「「気持ち，感情，想い」といった emotion」は，本章 4.1 節で述べ
たように，「知覚と認識が融合した認知」において，「知覚」部分が，
「「気持ち，感情，想い」といった emotion」である場合ということ
になろう。

　次の (20) (Shulevitz (2006) *So Sleepy Story*/『ねむい　ねむい
おはなし』) の絵のページにある日本語訳は，(19) で述べられてい

---

[4] 語り手と主人公が一体化して同じ体験を表すことについては，Banfield
(1973: 25) の "the grammar does not allow any speaker to 'express' another's
state, except by direct quote, but only to describe that state, because construc-
tions expressive of a speaker's state always belong to the unique speaker of the
'expression'" とする "the one expression/one speaker principle" の原理が働い
ていると思われる。

る日本語の体験的な特徴がはっきり現れている点においてきわめて興味深い。

(20) *So Sleepy Story* (2006: 8-9) と『ねむい ねむい おはなし』

(21a)
and a sleepy sleepy boy
in a sleepy sleepy bed.

(21b)
ねむい　ねむい　ベッドには　　　くまさんも　ねむい　ねむい。
ねむい　ねむい　おとこのこ。　　おもちゃも　ねむい　ねむい。

英語版は，(21a)のように，左ページの絵の説明しかされていないが，日本語版では，(21b)のように，左ページの英語原文の日本語訳の他に，右ページの絵の下段に，英語版にはない「くまさんも　ねむい　ねむい。おもちゃも　ねむい　ねむい。」との表現が付け加えられている。これは，左ページの絵にある「くまさん」「おもちゃ」に対して語り手に沸き起こった「気持ち」がそのまま表れたものである。

以下は，(15)-(18)の英語原文の例とは逆に，日本語原文で表れている主人公と語り手の心的体験が，英語訳では表れていない例である。

第 4 章 「感覚・感情体験」・「共感体験」に関わる表現　　73

(22)　おかねが　ふたつとも　みつかったので，みいちゃんは，
　　　げんきに　さかを　かけのぼりました。
　　　　　　　　　　　　　　　　（筒井頼子『はじめてのおつかい』: p. 13）
　　　Clenching the two coins as tightly as she could, she ran
　　　up the hill.　　　　　　　　　　　（*Miki's First Errand*: p. 13）

(23)　かなしさとくやしさで，スーホはいくばんも，ねむれませ
　　　んでした。　　　　　　　　　　（大塚勇三『スーホの白い馬』: p. 41）
　　　Night after night, Suho lay awake crying.
　　　　　　　　　　　　　　　　　　　　（*Suho's White Horse*: p. 41）

(24)　しんじゅが　ぶじ　もどり，
　　　「ありがとう，さすが　しんせつな　ともだち！」
　　　と，うみぼうずは大よろこび。
　　　　　　　　　　　　　　（中川李枝子『ぐりとぐらのかいすいよく』: p. 20）
　　　He carefully places it back in the lighthouse and says,
　　　"Thank you, my kind friends, thank you so much!"
　　　　　　　　　　（*Guri and Gura's Seaside Adventure*: p. 20）

(25)　「了解！」だらけ始めていた気持ちがいっぺんに引き締
　　　まった。　　　　　　　　　　　　　（乃南アサ『凍える牙』: p. 467）
　　　"OK!" His mood was instantly taut.　　（*The Hunter*: p. 244）

　次の「夕闇」や「星霜」もこの種の「共通感覚体験」を表す表現に
入れてよいかもしれない。

(26)　辺りに夕闇が迫ってきた頃，警察犬が到着した。
　　　　　　　　　　　　　　　　　　　（乃南アサ『凍える牙』: p. 235）
　　　As the day was drawing to a close, the police dogs ar-
　　　rived.　　　　　　　　　　　　　　　　　（*The Hunter*: p. 124）

(27)　あれからさらに三十年余の星霜が流れた。
　　　　　　　　　　　　　　　　（内田康夫『戸隠伝説殺人事件』: p. 40）
　　　More than 30 years had passed since that last visit.
　　　　　　　　　　　　　　（*The Togakushi Legend Murders*: p. 37）

74

「夕闇」や「星霜」に対応する英語表現の "the day was drawing to a close", "years" は，「夕闇」「星霜」の持つ〈余情〉的なニュアンスは表し得ない。[5]

4.2.4. 「感情体験」——「びっくりした」「驚いた」——

　「びっくりした」「驚いた」は，先の 4.2.3 節の「共通感覚体験」と重なるものであるが，絵本・童話には，特に，この種の表現が数多く見受けられるので，あえて，本節で別個に扱ってみたい。

　もちろん，「びっくりした」「驚いた」に何らかの意味で対応する英語表現がある場合のほうが，一般的であることは言うまでもない。

(28)　かあちゃんが，びっくりして　まわりを　みまわすと，

（さとうわきこ『せんたくかあちゃん』: p. 29）

Mom looked around in surprise.

（*Sudsy Mom's Washing Spree*: p. 29）

(29)　Everyone was surprised.　(H. A. Rey, *Curious George*: p. 50)

みんな　びっくりしてしまって，……

（『ひとまねこざるときいろいぼうし』: p. 50）

もっとも，日本語の「びっくりする」「驚く」は，主人公と語り手の語りの現場での，体験的な「おどろき」を表しているが，英語の対応表現は，あくまで，客観的な〈驚き〉の事実を伝えているだけという違いがある。「びっくりする」と「驚く」には，森田 (1986: 256) に，「「驚く」は精神の作用。「びっくりする」は驚かされることによって生じる精神の結果である」との記述があるが，さらに，「「びっくりする」は，内容的にはほぼ「驚く」と重なるが，「驚く」がかなり客観的な状況説明として用いられる語であるのに対し，「びっくりする」には，"目を丸くする" といった臨場感がある。"その現場にあって，今" という感覚である。このような状況の文脈で

---

[5] この日本語表現の「情意性」については，第 7 章 7.3.2 節でふれる。

は，「驚く」も「びっくりする」も同等に使える」(森田 (1986: 255))
との記述もある。"その現場にあって，今"という感覚は，まさに
本書での「感覚・感情体験」のことである。英語の surprised では，
この"その現場にあって，今"の「体験」は表され得ない。

　さらに，日本語では，語り手の感情表現が表れているのに対し，
対応する英語表現では，そもそも，〈驚き〉といった感情が全く表
されていない事例が，特に絵本や童話においては，少なからず，見
受けられる。

　まずは，日本語原文において，「びっくりした」「驚いた」の表現
があるのに，対応する英語表現では表されていない例である。

(30)　そこで，シャープペンの　おにいさんが　こっそり　いい
　　　ました。それをきいた　くろくんは　びっくり！
　　　　　　　　　　　　　　(なかやみわ『くれよんのくろくん』: p. 20)
Then Clutch Pencil whispered something into Blackie's
ear. Blackie couldn't believe what he heard.
　　　　　　　　　　　　　　　　　　　　　(*Blackie, the Crayon*: p. 20)

(31)　かみなりさまは　かがみを　のぞいて　びっくり。
　　　　　　　　　　　　　　(さとうわきこ『せんたくかあちゃん』: p. 27)
The thunder demon could hardly believe his eyes.
　　　　　　　　　　　　　　　　　(*Sudsy Mom's Washing Spree*: p. 27)

(32)　101 ちゃんの　しらせを　きいて，みんなは　びっくり。
　　　　　　　　　　　　　(かこさとし『おたまじゃくしの 101 ちゃん』: p. 20)
When they heard his story, all the tadpoles leapt into ac-
tion.　　　　　　　　　　　　　　　　　　　　(*Tadpole 101*: p. 20)

(33)　きつねは　びっくりして，ひげを　いっぽん　ひっこぬい
　　　てしまった。　　　　(さとうわきこ『どろんこおそうじ』: p. 12)
He falls backwards and pulls out one of his whiskers by
mistake!　　　　　　　　　　(*Grandma Baba's Big Clean-up!*: p. 12)

76

もっとも，小説においても，このような例は見受けられる。

(34) 「それどういう意味？　ねえ，なんのこと？」
島村は驚いて駒子を見た。　　　（川端康成『雪国』: p. 147)
"A good woman—what do you mean by that? What do
you mean?" He only stared at her.

(*Snow Country*: pp. 147–148)

これらの中では，(30) と (31) の「びっくり」は，"couldn't believe
what he heard", "could hardly believe his eyes" と，いわば，客
観描写として英訳されていることが注目される。

次は，これとは逆のパターンとして，英語原文には，「びっくり
した」「驚いた」の表現がないのに，これらの表現が日本語で訳出
されている例であるが，やはり，絵本や童話においてよく見いだせ
る。

(35) Koala didn't know there were so many books in the
world.　　　　　　（M. Murphy, *Koala and the Flower*: p. 18)
コアラは，たくさんの本をみて，びっくりしました。

（『コアラとお花』: p. 18)

(36) As soon as the children started to scrub, they began
shouting.　　　　　　（G. Zion, *Harry the Dirty Dog*: p. 26)
こどもたちは，ブラシで　こすると，びっくりしました。

（『どろんこハリー』: p. 26)

(37) He was growing, and when he looked at his reflection in
the water, he hardly recognized himself.

（H. Keller, *Farfallina and Marcel*: p. 11)

水にうつった　じぶんのすがたを見て　びっくり……
まえよりも　からだが　ずっと大きくなっていて，まるで
じぶんじゃないみたい。

（『ファルファリーナとマルセル』: p. 11)

第4章 「感覚・感情体験」・「共感体験」に関わる表現　　77

(38)　The clapper of the bell hit Sid so hard that he fell over-
　　　board.　　　　　　　　(D. Freeman, *Fly High Fly Low*: p. 42)

　　　ベルの音があまりに大きかったので，シッドは<u>びっくり</u>
　　　<u>ぎょうてん</u>，ころげおちてしまいました。
　　　　　　　　　　　　　(『とんで　とんで　サンフランシスコ』: p. 42)

(39)　"Not going to Redmond!" Marilla lifted her worn face
　　　from her hands and looked at Anne.

　　　　　　　　(L. M. Montgomery, *Anne of Green Gables*: p. 304)

　　a.　「レドモンドに行かないんだって？」マリラは<u>びっくり</u>
　　　　<u>して</u>顔をあげた。　　　　　　　　　　　　　　（『赤毛のアン』）
　　b.　「レドモンドに行かないんだって？」マリラはやつれた
　　　　顔から両手をはなし，アンを見つめた。
　　　　　　　　　　　　　　　　　　　　　　（『赤毛のアン』: p. 514）

　興味深いのは，（39a）と（39b）の訳文の比較である。（39a）の日本
語訳は，『CD-ROM 版　新潮文庫の 100 冊』（1995）に収録されて
いる村岡花子によるものであるが，（39b）の日本語訳は，村岡美枝
の補訳が加えられた現在の新潮文庫（2008）のものである。「びっ
くり」のある（39a）のほうが，（39b）の訳文よりも親しみやすい
訳であることは言うまでもない。
　日本語原文の場合であれ，日本語訳の場合であれ，特に，絵本
や童話の日本語において，〈驚き〉の感情が言語化されやすいのは，
「場面内視点」においては，語り手が，絵本や童話においては，よ
り，主人公の内面の感情に同調・共感する傾向があり，よって，そ
の感情が言語化される傾向があるためである。一方，英語で〈驚き〉
の感情が，日本語ほどは，言語化されにくいのは，「場面外視点」
の英語においては，主人公の内面よりは，客観的な事象の描写に焦
点が当てられるためということになる。もっとも，「場面内視点」
においては，次に何が起こるのかは分かるすべもなく，一瞬一瞬が
新たな事態の連続であるので，「びっくりする」度合いは，「場面外

視点」の場合よりも多くなるということも考えられよう。[6] よって，これまでのことは，次のようにまとめられると思われる。

(40)　「〜そうに」「〜ように」「オノマトペ」，または，「びっくりした」「驚いた」等の「感覚・感情表現」が用いられた体験的な日本語表現は，英訳されない場合もある。逆に，客観的・分析的な英語表現は，日本語訳の際に，英語原文にはなかった「〜そうに」「〜ように」「オノマトペ」，または，「びっくりした」「驚いた」等の「感覚・感情表現」が付け加わって訳出される場合もある。

(40) で述べられている日英語の違いと関連性があると思われるのが，日本語の小説とその英訳の比較に関する宗宮（2012: 202-203）の見解である。彼女は，〈オンステージ〉と〈オフステージ〉の観点から「日本語の書き手は，情景の中つまりオンステージに身を置き，主観のおもむくままに描写する」のに対し，「英語の書き手は，情景が自分にも読者にも分かりやすいよう客観的に描く。……英語では情景が書き手とは独立に存在している」と述べている。

この観察は，本書の見解と重なり合うとも言えるが，本書での見解からすれば，〈オンステージ〉とは，「場面内視点」における「知覚と認識が融合した認知」での把握であり，〈オフステージ〉とは，「場面外視点」における「メタ認知」での把握ということになる。本章で扱った，「感覚・感情的」な表現は，「知覚と認識が融合した認知」の「知覚」が，主に「感覚」である場合ということになる。「感覚」的に把握されるとなれば，おのずと，主観のおもむくままの描写となろう。[7] 一方，「メタ認知」での把握となれば，「英語話者は

---

　[6] このことは，先の第 3 章の 3.4.2.2 節でふれた，英語では，but が表れ得るが，対応日本語表現では，表れ得ないことと平行する現象と考えられる。
　[7]「主観のおもむくままの描写」には，すでに第 1 章の注 6 で述べた濱田（2017）の「日本語話者が「見えているまま」を言葉で表現する」ということが関

知覚した事態を右脳で客体視し，視覚空間的に捉えて言語化する」[8]
(濱田 (2017: 57)) ために，描かれる事象が客体化され，まさに，「情景が書き手とは独立に存在している」スタイルとなろう。

4.3. 「直接話法」と共に用いられる「伝達動詞」と「感情表現」

これまで，感覚・感情表現における日英語の比較をし，日本語では感覚・感情表現が表れている例に対し，英語には表れていない場合があることについては，これは，日本語においては，語り手が主人公に「共感」しやすいためであるとした。

本節ではこのパターンのさらなる下位区分として，「直接話法」と共に表れる「伝達動詞」と「感情表現」の共起に関する日本語と英語の違いについて見てみたい。

もちろん，次の (41) のように，「伝達動詞」や「感情表現」について，日本語と英語で，それぞれが，対応する場合があることは言うまでもない。

(41)　"What happened?" said Alexander, surprised.

　　　　　(L. Lionni, *Alexander and the Wind-Up Mouse*: p. 20)

　　　「どうしたの？」　びっくりして　アレクサンダは いった。

　　　　　　　　　　　　　　（『アレクサンダとぜんまいねずみ』: p. 20)

しかし，特に，絵本や童話においては，次の例のように，日本語原文においては，伝達動詞は用いられていないが，先に見た，第4章の4.2.3節，4.2.4節のように感覚・感情表現が現れ，一方，対応する英語表現には，日本語原文にはない伝達動詞が用いられ，かつ感情表現が英訳されていない例など，要するに，感覚・感情感現

わっていると思われるが，「見えているまま」とは「感じるまま」ということでもあり，これはまた「主観のおもむくまま」ということでもある。

　[8] このことについても第1章の注6を参照されたい。

が日本語に現れやすく，逆に，伝達動詞は英語に現れやすいことを示す例はかなり見受けられる。

(42) あさごはんのとき，ぐりと　ぐらは，「うちのなかが　ほこりだらけ」と　びっくりしました。

(中川李枝子『ぐりとぐらのおおそうじ』: p. 4)

Eating breakfast, Guri and Gura look around their house. "Boy our house is really dirty!" they exclaim.

(*Guri and Gura's Spring Cleaning*: p. 4)

(43) 「そらまめくん，だいじな　ベッドが　ぬれちゃうよ！」みんなが　びっくりしていると，そらまめくんは　いいました。「やっぱり　ぼくの　ベッドが　いちばんさ！……」

(なかやみわ『そらまめくんとめだかのこ』: p. 22)

"Your precious bed will get wet, Big Beanie!" said the others. "But my bed is the best! ...," he said.

(*Big Beanie and the Lost Fish*: p. 24)

(44) 「ひとりで！」　みいちゃんは，とびあがりました。

(筒井頼子『はじめてのおつかい』: p. 3)

"All by myself?" asked Miki.　(*Miki's First Errand*: p. 3)

小説においても，以下のような例が見受けられる。

(45) 「人相はともかく，目付きは鋭かったでしょう。あれは刑事ですよ」「刑事？……」　桂一は驚いて，立花の笑顔を呆れたように見た。

(内田康夫『戸隠伝説殺人事件』: pp. 280-281)

"Well, maybe not their faces, but their expressions at least. They were detectives." "Detectives?" said Keiichi with a bewildered look.

(*The Togakushi Legend Murders*: p. 224)

(45) では，「驚いて」が英訳されず，said という伝達動詞が新たに

第4章　「感覚・感情体験」・「共感体験」に関わる表現　　81

加えられている。

　次は，逆の例である。

(46)　*"Turned to stone*?" said Faith.　"By who?"

(D. Lucas, *The Lying Carpet*: p. 23)

　　　フェイスは，おどろきました。[9]
　　　「わたしが？　だれがわたしに魔法をかけたの？」

(『ほらふきじゅうたん』: p. 23)

(46) の英語原文では，発言の直接引用と伝達動詞の said が記されているのみであるが，日本語訳では，said の伝達動詞が訳出されず，その代わりに，主人公と一体化した語り手の感情の「おどろきました」が新たに付け加えられている。

　以下は，そのような例である。

(47)　"Oh no!" said Grandpa Lev.　"*Stop that horse*!"

(S. London, *Firehorse Max*: p. 12)

　　　「なんてこった！」と，レヴじいさんは頭をかかえます。
　　　「だれか，あの馬をとめてくれ！」

(『しょうぼう馬のマックス』: p. 12)

(48)　Mr. McBee gasped.　"You're not being quiet!" he said to
　　　the lion.　"You're breaking the rules!"

(M. Knudsen, *Libray Lion*: p. 24)

　　　マクビーさんは，びっくりして　いいました。「しずかに

---

　[9] 英語と日本語の直接話法の引用の違いとしては，英語の引用においては，(46) のように，伝達動詞によって，"*Turned to stone*?" と "By who?" のように，発言が分断される場合が多いが，対応する日本語表現においては「わたしが？　だれがわたしに魔法をかけたの？」と分断されてない例のほうがはるかに多いということもあげられる。このことには，現実の会話においては，発言は分断されることはなく，一続きのままに語られる，という認識論的原理が関わっているのかもしれない。

しなきゃ，いけないんだぞ！きまりをまもってないじゃな
いか！」　　　　　　　　　　　（『としょかんライオン』: p. 24）

(49)　"Oh, how wonderful!" said my father.

(R. S. Gannett, *My Father's Dragon*: p. 9)

「うわあ！　すごいなあ！」エルマーは，<u>おどろきました</u>。

（『エルマーのぼうけん』: p. 21）

(50)　"Horace!" Mama <u>shouted</u>, and she dropped her knitting.

(H. Keller, *Brave Horace*: p. 15)

「きゃっ！」　ママは，<u>びっくりして</u>，あみものを　おとし
てしまいました。　　　　（『かいじゅうなんかこわくない』: p. 15）

(48) では，gasp（はっと息をのむ）という客観的・描写的な表現が，
「びっくりして」と感情的な表現になっていることも注目されよう。

　少なくとも，以上のことから，特に，絵本や童話の日本語におい
ては，「直接話法」と直接話法を語る人物の感情表現が共起しやす
い傾向にあるが，「直接話法」を伝える伝達動詞については，日本
語よりは英語において，共起しやすい傾向にあるという特徴は指摘
できるように思われる。

　まず，日本語においては，「直接話法」と感情表現が共起しやす
いということについてであるが，これは，体験的把握においては，
「直接話法」を語る際に生じた感情が，知覚体験として捉えられ表
現されるためと考えられる。しかし，「直接話法」を伝える伝達動
詞それ自体は語りの現場に存在するものではなく，知覚体験として
は捉えられず，表現されにくいということになる。

　次に，英語においては，「直接話法」と伝達動詞が共起しやすい
ということについてであるが，これは，分析的把握においては，
「直接話法」で語る発話行為そのものが把握の対象とされ，伝達動
詞はその一部をなすものとして分析され，表現されるためと考えら
れる。

　以上のことを換言するならば，次のようにまとめられる。

第4章 「感覚・感情体験」・「共感体験」に関わる表現　　83

(51)　日本語の体験的把握においては，「直接話法」を語る主体の
　　　感情が重視され，感情表現がより用いられる傾向があるの
　　　に対し，英語の分析的把握においては，「直接話法」の内容
　　　をどのように語るのかという分析行為が重視され，伝達動
　　　詞がより用いられる傾向にある。

　また，英語原文から日本語への訳出において，絵本と小説で差が
あるとすれば，小説よりも絵本のほうに感覚・感情表現がより表わ
れやすいとの指摘は可能である。これは，小説においては，原則的
に，翻訳の正確さが求められ，単語すべてがそのまま，訳出される
ことが一般的であるが，絵本や児童文学においては，読者層に子供
が多いことから，翻訳の正確さよりは，より，子供の感覚に訴える
表現が優先されることが関わっているためと思われる。(この例と
しては，先にあげた (39a) と (39b) の『赤毛のアン』の訳文の比
較をあげることができよう。)[10]
　いずれにせよ，(51) の一般化は，これだけが独立しているので
はなく，先に (40) で述べた「体験的な日本語表現は英語には訳出
されにくく，逆に，分析的な英語表現は，「感覚的・体験的」な表
現が付け加わった日本語として訳出されやすい」という一般化の延
長として捉えられるべきものであろう。

---

[10]　もっとも，小説においても，英語原文にはなかった感情表現が現われる事
例があることについては，本章の例文 (34), (45) で見た通りである。

第5章 「プロセス体験志向」と「結果分析志向」

5.1. はじめに

　本章で扱う日本語の「プロセス体験志向」表現と英語の「結果分析志向」表現であるが，このテーマ自体はきわめて広範囲なもので表現の種類も多岐にわたる。中でも次の (1)，(2) での，日本語の動作動詞と英語の状態動詞の対比は，典型的とも言える事例である。

(1)　She is suddenly awake in the middle of her worst night-mare.
　　彼女は悪夢の最中に突然，目が覚めた。　　(影山 (2002: 29))

(2)　ゆうだちのように，おゆがふってきた。みると，くじらだ。かばのからだについていたあわが，どんどんきえて　ながれていく。　　　　　　　(松岡享子『おふろだいすき』: p. 26)
　　When we turned around, there was a whale! Thanks to his shower all the bubbles on the hippopotamus' body and mine were gone in no time.

　　　　　　　　　　(*I Love to Take a Bath*: p. 26) (= 第2章 (14))

(1)，(2) のような事例において，日本語で動作動詞が好まれるのは，動詞が表す事象が，現場での〈見え〉として体験されやすいか

らであり，英語で状態動詞が好まれるのは，状態動詞が事象の結果を表しやすいからであると説明される。

　ただ，(1)，(2) の例は，事象全体がプロセスや結果を表しているのであって，事象のある局面だけを表す日本語のプロセス表現とそれに対応する英語表現を問題にしたものではない。本章でのねらいは，日本語のプロセス体験志向，英語の結果分析志向を論じるにおいて，事象のプロセスを表す特定的な日本語表現を取り上げ，対応する英語表現と比較検討することにある。

　具体的には，「進行・継続」，「瞬時」，「途中」の三つの局面について，特定の日本語表現が，現場で進行する事象のプロセスを把握するために使用されるが，対応する分析的な英語では，プロセスそのものが言語表現の対象としては把握されにくいことを，実例をもって示すことになろう。

　結局，「プロセス志向」と「結果志向」も，日本語表現の「体験性」と英語表現の「分析性」という特質と密接に関わっているのであり，この点において，本章は，これまで論じてきた，第2章「「視覚体験」に関わる表現」，第3章「「時・事象の推移の体験」に関わる表現」，第4章「「感覚・感情体験」・「共感体験」に関わる表現」の延長に位置づけられるものであり，日本語の「知覚と認識が融合した認知」の事態把握での「知覚」が，「場」における「事象」を「プロセス体験」として捉えたものということになる。

5.2. 「続く」「ている」「つぎつぎと」
――「進行・継続」のプロセス体験――

　「時の推移」を体験できる日本語においては，現場の事象の一刻一刻の「進行・継続」のプロセスも，意義ある局面として捉えられ，「体験的把握」の対象となる場合があることは十分考えられる。「続く」「ている」「つぎつぎと」はそのような表現であると考えられる。一方，事象を完了したものとして把握する結果分析志向の英語であ

れば，現場の事象の「進行・継続」のプロセスは捨象されやすく，把握の対象とはなりにくいことが予想される。

5.2.1. 「続く」

まずは，「続く」である。もちろん，日本語の「続く」については，英語でも keep ～ing, continue といった対応表現が用いられることのほうが一般的であることは言うまでもない。

(3)　あさえは，かんがえ，かんがえ，ずっと<u>かんがえつづけました</u>。「そうだ，そうしよう！」

（筒井頼子『いもうとのにゅういん』: p. 18）

Naomi <u>kept thinking and thinking</u> until she had a great idea. "That's it, that's what I'll do!"

(Naomi's Special Gift: p. 18)

(4)　"Wild Island is practically cut in two by a very wide and muddy river," <u>continued</u> the cat.

(R. S. Gannett, My Father's Dragon: p. 7)

「どうぶつ島のまん中には，ひろい，どろ水の川がながれていて，島は，まっぷたつにわかれています。」と，ねこは，<u>はなしをつづけました</u>。　　（『エルマーのぼうけん』: p. 16）

もっとも，keep ～ing や continue と「続ける」には，ニュアンスの違いがある。keep ～ing や continue はあくまで，事象の「継続」が，すでに終了したものとして捉えられたものである。実際，(3)の英訳には，結果志向表現であることを示す until が現れている。これに対し，「続く」には，語りの場で進行しつつある，進行・継続のプロセスに対する，「現場性」「臨場性」が感じられる。

とは言え，実際の用例においては，「続く」と keep ～ing, continue が対応関係にない例もかなり見受けられる。

まずは，日本語原文での「続く」が，英訳されていない場合である。

第5章 「プロセス体験志向」と「結果分析志向」　　87

(5)　この時期は毎日，小やみなく雨がふりつづく。

（遠藤周作『侍』: p. 89）

During this season the rains fell incessantly every day.

（*The Samurai*: p. 65）

(6)　船と舟との間に問答がしばらく続き，やっと彼はすべてを
了解した。　　　　　　　　　　　　　（同上：p. 348）

After a brief exchange of words between the two vessels,
the officer finally grasped the entire situation.

(ibid.: p. 226)

(7)　父の病気は同じような状態で一週間以上つづいた。

（夏目漱石『こころ』: p. 115）

My father's condition remained the same for a week or
so.　　　　　　　（*Kokoro*: p. 102, (tr.) by E.McClellan）

(8)　私の亡友に対するこうした感じはいつまでも続きました。

（同上：p. 252）

I did not cease to blame myself for K's death.[1]

(ibid.: p. 236)

これらの例では，まず，(5) の「毎日」，(6) の「しばらく」，(7)
の「一週間以上」，(8) の「いつまでも」のように，「続く」が期間
を表す表現と共に用いられていることが注目されるが，これは，体
験的把握においては，現場の〈今〉と共に事象も一刻一刻更新され，
ある期間内における持続体験が「続く」と把握されるためと考えら
れる。つまり，「視点」が「場面内」にあってこそ，事象が「続く」
と知覚体験され得るのである。

---

[1] ちなみに，(7) と (8) に対する，近藤訳は次の通りである。

(7)　For more than a week he remained about the same.

(8)　Such a feeling toward my dead friend lasted for a long time.

(8) の近藤訳の "lasted" には，McClellan 訳の "did not cease to blame" と比
べて，「体験的」な把握が感じられる。

一方，英語では，「視点」が「場面内」の〈今〉にはないため，期間表現がある場合，状態的な内容を表す事象は結果として捉えやすくなり，あえて，「続く」を付け加える必要はないということになる。さらに，(6) の "after" が用いられた "After a brief exchange" の結果表現や，(8) の "not" が用いられた "did not cease to blame" の否定表現も注目される。そもそも，プロセス体験としての把握対象は，あくまで，現場で進行する事象なのであり，非存在を表す否定表現が用いられているということは，結果分析的な把握によるものであることを示していよう。

次は，逆のパターンとして，英語原文では，「続ける」に相当する表現はないのに，日本語訳では，現場の「時の推移」が体験的に捉え直され，「続ける」が付け加えられている例である。

(9)　… and they too danced all night in the moonlight.

(G. Williams, *The Rabbits' Wedding*: p. 25)

あかるい　つきのひかりのなかで，ダンスは　ひとばんじゅう　つづきました。　　(『しろいうさぎとくろいうさぎ』: p. 25)

(10)　But still the rain came down. Until at last …

(S. McMenemy, *Jack's New Boat*: p. 9)

だけど，あめはふりつづくばかり。そうして　ついに…

(『ジャックの　あたらしい　ヨット』: p. 9)

(11)　The rain fell all morning.

(H. Keller, *Farfallina & Marcel*: p. 1)

朝のあいだ　ずっと　雨がふりつづいていました。

(『ファルファリーナとマルセル』: p. 1)

(12)　There was a long pause.

(D. Brown, *The Da Vinci Code*: p. 240)

長い沈黙がつづいた。　(『ダ・ヴィンチ・コード (中)』: p. 112)

これらの日本語訳でも，(9) の「ひとばんじゅう」，(11) の「朝のあいだ」のような期間を表す語に「続く」が用いられて訳出されて

いることは，先の (5)，(6)，(7)，(8) での期間表現と共に「続く」
が用いられた日本語原文が，英訳では「続く」の意味合いがなく
なっていることと平行していよう。また，(12) では，"… was a
long pause" の結果状態表現が，「長い沈黙がつづいた」と持続体験
的に訳出されていることが注目されるが，この日本語表現について
は，先の第 2 章の例文 (31) の "… was a very long tunnel" が「ど
こまでもつづく長いトンネル」と「続く」が用いられて訳出されて
いることと平行的に考えられる。

ちなみに，(5) の「小やみなく雨がふりつづく」，(10)「あめは
ふりつづくばかり」，(11) の「雨がふりつづいていました」のよう
に，「雨」と「続く」の共起が注目されるが，これは，「場面内視点」
においては，日常生活において，「雨」は持続体験的に把握される
ことが多いためと考えられる。

少なくとも，「場面内視点」においては，〈今〉の事象の先にある
終結点は見えるはずもなく，進展する事象のただ中にいる語り手に
とって，眼前で進展している事象が，一刻一刻，更新されていく時
の流れの中で，「続く」と感じられるのは自然なことである。「続く」
が日本語でよく用いられるのは，このためであると考えられる。
（このことについては，本書第 III 部第 7 章 7.4.2 節の「「プロセス
志向」と「道」」でもふれる。）

5.2.2. 「ている」

「ている」には多くの用法があるが，ここでは，英語の進行形と
の対応関係がある進行・継続を表す用法に限定する。まず，「てい
る」が何を表すのかについては，これまでおびただしいまでの説が
提案されてきたが，とりあえず，「ている」を，「基準時における現
実世界（現象）に対する話者の観察・確認行為を表す」[2] としておく。

---

[2] 日本語の「ている」のこのような捉え方は，英語の進行形の特質を，「基準時
においてのみ成立し得る現実世界（現象）に対する話者の観察（描写）行為を表

本書での関心は，むしろ，なぜ，「ている」が，日本語で多用されるのかということのほうにあるが，このことについても，「体験的把握」においては，語りの現場での〈今〉が絶えず更新されるということから説明される。つまり，終結点が見えない「プロセス志向」であれば，「続く」の場合のように，語りの現場の〈今〉は，絶えず更新されるので，一瞬一瞬の〈今〉における，事象の観察・確認に焦点が当てられるようになることは自然であり，「ている」が用いられやすくなるということになろう。

　もちろん，日本語の進行の「ている」と英語の be -ing が平行する事例があることは言うまでもない。

す」とした尾野（1990: 17）に基づいている。「場面外」の視点をとれない日本語においては，現場での事象が，「基準時においてのみ成立する」かどうかは分かりようもなく，「ている」の意味としては，単に，「基準時における事象に対する話者の観察・確認行為を表す」ということになろう。「ている」と英語の進行形の違いについては，尾野（2015: 63-64）の注5を参照されたい。また，この「ている」の意味は，「ている」のすべての用法に当てはまると思われる。

　「ている」についての注目すべき論文として山本（2008）があげられる。彼女は，「ている」の意味を「言語主体は自己を参照点とした同位置にある事態を指示対象として特定し，知覚，記憶，思考を根拠にして事態の成立を自己の位置から主観的に確定判断する。」（山本（2008: 443））としている。この定義においては，「同位置にある事態」の概念が重要であると思われる。というのも，日本語においては，「場」での時の推移と共に，知覚対象としての事態も絶えず推移・変化していくことになり，そうであれば，「場」での一瞬一瞬における，「同位置にある事態」の確定判断が意義あるものとなってくるからである。

　また，濱田（2018: 524）においては，「ている」と英語の進行形の違いを，「日本語の「V テイル」は眼前の状況を描写する現象文をプロトタイプとして，知覚情報と経験的知識を結び付けることによって結果状態や存在様態等に意味拡張しているが，英語の 'be V-ing' は始まりと終わりを認識できる事態の内側をプロファイルするというスキーマからの意味拡張により多義となっている」としている。「ている」の「経験用法」については，現場における，「過去の知識」の観察・確認行為とも考えられる。

第 5 章　「プロセス体験志向」と「結果分析志向」　　91

(13)　はげしい雨が降っている。

（藤沢周平「驟り雨」『驟り雨』: p. 118)

　It was raining hard.

("A Passing Shower" The Bamboo Sword: p. 42)

(14)　Frog and Toad were reading a book together.

(A. Lobel, Frog and Toad Together: p. 42)

　かえるくんと　がまくんは　いっしょに　本を　よんで
いました。　　　　　　　　　　（『ふたりはいっしょ』: p. 42)

　しかし，ここにおいても，be -ing は，単に，過去のある時点での観察行為しか表していないのに対し，「ている」は，まさに，語りの〈今〉の現場で進行する事象を観察しているといった「現場性」「臨場性」のニュアンスが感じられる。

　もっとも，「ている」に対しては，be -ing が対応しない場合のほうがはるかに多いが，このことについても，英語は結果分析志向であるため，先の「続く」の対応表現のように，一瞬一瞬のプロセスの局面が捨象される場合のほうが，より一般的なためと考えられる。

　また，先で扱った「続く」は，(11) の「雨がふりつづいていました」のように，「ている」形と共に用いられやすいが，これは，「続く」も「ている」も，現場の〈今〉で進行する事象に対するプロセス体験を表す点では共通しており，このことが，「続いている」の表現の多用につながっていると考えられる。いわば，「続く」と「ている」は相性がいいのである。

　次は，日本語の原文が「続いている」で，対応する英訳には，進行・継続のニュアンスがない場合である。

(15)　エフ博士は宇宙船に乗って，星から星へと旅をつづけていた。　　　　（星新一「博士とロボット」『きまぐれロボット』: p. 47)

　Dr. F. traveled from planet to planet in his rocket.

("The Doctor and the Robot" The Capricious Robot: p. 28)

(16)　それでも，犬の声だけはかなり遠くなるまで聞こえ続けて

いた。　　　　　　　　　　　　（乃南アサ『凍える牙』: p. 274)

..., the sound of barking still rang in his ears.

(*The Hunter*: p. 145)

(17)　……そばで一助，大助はいぎたなく眠り続けていた。

（遠藤周作『侍』: p. 229)

Beside him Ichisuke and Daisuke were fast asleep.

(*The Samurai*: pp. 151-152)

次は，日本語訳に「つづいている」が用いられているが，英語原
文には，進行・継続のニュアンスがない場合である。

(18)　Already it had been fourteen hours.

(A. Hailey, *Hotel*: p. 376)

そんな状態がすでに十四時間もつづいている。

（『ホテル（下）』: p. 272)

(19)　For his days and nights were equally full of dreaming.

(J. Hilton, *Good-bye Mr. Chips*: p. 2)

すなわち，彼の夢現の状態は昼夜の別なく続いていたから
である。　　　　　　　（『チップス先生さようなら』: p. 6)

(20)　Already she was acquainted with every tree and shrub
about the place. She had discovered that a lane opened
out below the apple orchard and ran up through a belt of
woodland; ...

(L. M. Montgomery, *Anne of Green Gables*, p. 62)

もう家の近くの木や，藪とは全部近づきになったし，ひと
筋の小径がりんごの果樹園の下を通って，細長い森につづ
いていることも発見した。　　　（『赤毛のアン』: p. 108)

以下は，「続く」以外の動詞と用いられた「ている」の用法である。

るが，これでは，「〜ようとする」の表す「実現する直前」の意味とは全く相容れない。(46) で用いられている "be about to" については，この英語表現が，「まさに…するところである」(『ウィズダム英和辞典』2013) という意味であり，「〜ようとする」とほぼ同じ意味を表しているようにもとれる。しかし，「〜ようとする」は，「まさにそうする寸前」(森田 (1986: 747)) を表しており，現場の事象の実現の緊迫性の度合いは，"be about to" よりもはるかに高いのである。[9]

次は，逆に，日本語訳に，「〜ようとする」が用いられている例である。

(49) He backed up to the hole, stuck his tail down and through the ring, and pulled. Nothing happened.

(R. S. Gannett, Elmer and the Dragon: p. 50)

りゅうは，うしろむきになって，あなのところにちかづくと，しっぽをさげて，わの中にとおしました。それから，もちあげようとしました。はこは，びくともうごきません。

(『エルマーとりゅう』: pp. 87-88)

(50) Langdon asked, watching Sophie edge the speedometer over a hundred kilometers an hour.

(D. Brown, The Da Vinci Code: p. 182)

速度計の数字が時速百キロを超えようとしているのを見つめながら，ラングドンは尋ねた。

(『ダ・ヴィンチ・コード (中)』: p. 15)

---

[9] be about to の説明として，*Collins Cobuild English Dictionary for Advanced Learners* (2001: 4) には，次の説明が載っている。

If you are **about** to do something, you are going to do it very soon.

If something is **about** to happen, it will happen very soon.

この説明からしても，be about to が「実現直前の一瞬」の意味を持ち得ていないことは明らかであるが，about のコアの意味が，「(漫然と) …の周囲に」(『Eゲイト英和辞典』) であるとすれば，それは，当然のこととも言えよう。

第5章 「プロセス体験志向」と「結果分析志向」　　101

てみよう。

(45) ぐらが　えりまきを　はずして，かけようとすると――もう
まっしろな　えりまきが　かかっています。
　　　　　　　　　　　　（中川李枝子『ぐりとぐらのおきゃくさま』: p. 13)
Gura takes off his scarf and goes to hang it up.　But a
long, snow-white scarf is already hanging from the hook!
　　　　　　　　　　　　(*Guri and Gura's Surprise Visitor*: p. 15)

(46) でっかいかばを，すっかりあらって，おゆをかけようとし
たとき，おふろのなかから，いせいのいいこえがきこえた。
　　　　　　　　　　　　（松岡享子『おふろだいすき』: p. 24)
I had scrubbed him thoroughly and was about to wash
away the bubbles when we heard a loud voice from the
bathtub.　　　　　　　　　　　(*I Love to Take a Bath*: 24)

(47) 病室から出ようとするときに，笑子が「やーい」と言うの
が聞こえた。　　　　　　　（乃南アサ『凍える牙』: p. 282)
But just before he got out the door he heard Emiko say,
"Hey!"　　　　　　　　　　　　　(*The Hunter*: p. 149)

(48) 続いてあとから私がはいり，同じく傘を預けようとすると，
店の子は同伴だと思ったのか，二つの傘をいっしょに紐で
くくって一枚の番号札をくれました。
　　　　　　　　　　　　（松本清張『点と線』: p. 236)
I followed and handed over my umbrella also.　The wait-
ress, taking us for a couple, quickly tied the two umbrel-
las together and offered me the check.　　　(ibid.: p. 148)

これらの対応英語表現として，まず注目されるのは，先の (38) の
ような，(45) の目的を表す to 不定詞の表現や，(47) の 'just be-
fore' といった分析的表現であるが，これらの表現は，そもそも，
「～ようとする」が表す現場で進行しつつある瞬時のプロセスとは
無縁のものである。また，(48) では，単純過去形が用いられてい

100

捉えることができないのである。

　次は，逆に，日本語訳に，「～かかる／かける」が用いられている例である。

(41)　Mrs. Mallard stepped out to cross the road.
　　　　　　　　　　　　(R. McCloskey, *Make Way for Ducklings*: p. 37)
　　　マラードおくさんが　どうろを　よこぎりかけました。
　　　　　　　　　　　　　　　　　　(『かもさんおとおり』: p. 38)

(42)　"I want to be …" Alexander stopped.
　　　　　　　　　　(L. Lionni, *Alexander and the Wind-Up Mouse*: p. 22)
　　　「ぼくは……」　アレクサンダは　いいかけて　やめた。
　　　　　　　　　　　　(『アレクサンダとぜんまいねずみ』: p. 22)

(43)　"Too late," he thought, and with a heavy heart he went to
　　　his hole in the baseboard. 　　　　　　　　(ibid.: p. 26)
　　　「おそかった,」かれはおもった。おもい　こころで　かれ
　　　は　かべの　したの　あなへ　もどりかけた。(同上: p. 26)

(44)　The plane was over land again when a flash of enlighten-
　　　ment struck him. 　　　(D. Brown, *The Da Vinci Code*: p. 342)
　　　飛行機がふたたび大地にさしかかったとき，啓示の光が急
　　　にひらめいた。　　　　(『ダ・ヴィンチ・コード（下）』: p. 7)

英語原文は，(41) の目的を表す to 不定詞の分析的な構文であったり，(44) のような be 動詞を用いた結果状態表現であったり，とまちまちである。しかし，日本語訳の「～かかる／かける」では，語り手が，現場の事象に臨場して，新たなプロセスへの移行の一瞬を体験的に捉えたことを表しているのである。

5.3.2.　「～ようとする」

　「～ようとする」は，「事態や動作が実現する直前であることを表す」(『講談社カラー版 日本語大辞典』1995: 2237) の意味であるが，まず，日本語原文での「～ようとする」とその対応する英語表現を見

第 5 章　「プロセス体験志向」と「結果分析志向」　　99

he asked, but she merrily signaled to the driver to go
ahead, and moved away from the car.

(*The Togakushi Legend Murders*: p. 112)

(40)　既に夜に<u>なりかかっている</u>。　　　(遠藤周作『侍』: p. 22)

Night <u>had already settled in</u> upon the city.

(*The Samurai*: p. 21)

これらの日本語原文における「～かかる／かける」は，現場の一瞬
において，「実現という新たなプロセスへの移行」を表しているの
であるが，対応する英語表現ではそのニュアンスは全く伝えられて
いない。まず，(37)，(39) の「いいかける」の表現である。(37)
に対応する英語表現では，"was just about to say"[8] が用いられて
いるが，この表現では，"to say" で述べられる内容は発話時点では
実現していないことを意味し，これは，「～かける」の持つ，部分
的にでも新たなプロセスにすでに移行しているという意味とは相容
れない。また，(39) の「言いかけた」に対しては，"he asked" が
用いられているが，この英訳では，「言いかけた」プロセスが中途
で終ったニュアンスが表れていないことになる。(38) の「すこし
かえりかけたオオカミ」に対する "The wolf turned to go up his
own path" は，「帰るために向きを変えた」という分析的な表現で
あって，これでは全く別の意味である。(40) の「夜になりかかっ
ている」に対する "Night had already settled in ..." では，「すで
に夜になっていた」ことを表し，部分的にしか夜になっていないこ
とは伝えられていない。結局，英語においては，「～かかる／かけ
る」が表す「現場の一瞬」における「新たな事象のプロセスへの移
行」に対応する表現は存在しないように思われる。と言うのも，第
1 章 1.2 節の例文 (2a) の「燃ヤシタケレド，燃エナカッタ」で説
明したように，「現場の一瞬」は，体験的な事態把握によってしか

---

[8] be about to については，次節 5.3.2 節の注 9 を参照されたい。

5.3.1. 「～かかる／かける」

この「～かかる」と「～かける」の意味については，本書の観点からは，森田（1986: 292）の「「～かかる」：未成立の動作や変化が実現へと一歩移る状態を表す」，「「～かける」：動作や状態に入り始める意を添える」の見解で十分であると思われる。

要するに，「～かかる」にせよ，「～かける」にせよ，「実現という新たなプロセスへの移行」を表すのである。この観点から，「～かかる／かける」と対応する英語表現を比較してみよう。

まずは，日本語原文に「～かかる／かける」が用いられている場合である。

(37)　オオカミの　わらいごえを　きいて，ヤギは　おもわず，
　　　『オオカミみたいな　すごみの　ある　ひくい　おこえで。』
　　　と　いいかけたが，しつれいだと　おもい，くちを　とじる。
　　　　　　　　　　　　　　　（木村裕一『あらしのよるに』: p. 16）
　　　The goat was just about to say: Your voice sounds like a
　　　wolf's, low and gruff.　But he thought this might be rude,
　　　so he decided against it.　　　（*One Stormy Night* ...: p. 16）

(38)　すこし　かえりかけた　オオカミは　たちどまって　ヤギ
　　　を　ふりかえる。　　（きむらゆういち『あるはれたひに』: p. 42）
　　　The wolf turned to go up his own path, but then stopped
　　　and looked back.　　　　　　　（*One Sunny Day* ...: p. 42）

(39)　立花はギョッとして振り向いた。優子は妖しい瞳をこちら
　　　へ向けて微笑している。
　　　「きみ，どうしてそれを？……」
　　　言いかけた時，優子は運転手に，「発車オーライ」とおどけ
　　　た調子で言い，さっと離れていった。
　　　　　　　　　　　　　　（内田康夫『戸隠伝説殺人事件』: p. 135）
　　　Tachibana turned in astonishment.　She was looking at
　　　him with an enigmatic smile.　"How did you know that?"

葉っぱはこらえきれずに吹きとばされ　まき上げられ　つ
ぎつぎと落ちていきました。　　（『葉っぱのフレディ』: p. 14)

(36)　…, and Grandma took out all the get-well cards people
had sent her.　　　　　　　　(H. Keller, *The Best Present*: p. 23)
……おばあちゃんは，いろいろな人からもらった病気おみ
まいのカードを，つぎからつぎへ，とりだしました。

（『いちばんすてきなプレゼント』: p. 23)

ここにおいては，先の (31), (32), (33) とは逆に，(34) の suits,
(35) some of the leaves, (36) all the get-well cards といったモ
ノの複数名詞表現が，「つぎからつぎに」等によってコトの回数表
現で訳出されていることが注目される。英語原文にはない，現場で
連続する事象に対する「体験性」が，新たに日本語訳に読み込まれ
ているのである。

5.3. 「〜かかる／かける」「〜ようとする」「〜そうだ」「〜と ころ」――「瞬時」のプロセス体験――

　これまでプロセス志向体験として，「続く」「つぎつぎと」「てい
る」等の「進行・継続」のプロセス体験を見てきたが，本節で扱う
のは，「〜かかる／かける」「〜ようとする」「〜そうだ」「〜とこ
ろ」といった事象の「瞬時」のプロセス体験を表す表現である。こ
れらの瞬時のプロセスは，まさに，場面密着の体験的把握におい
て，一瞬一瞬の事象を体験できればこそ可能なのであって，現場の
事象に密着できない分析的把握の英語においては，現場で進行する
一瞬のプロセスを捉えることの難しさが予想される。

　以下，これらの日本語表現と対応する英語表現を比較検討してい
きたい。

ここでは，現場での事象の連続的な繰り返しが体験されているのであるが，注目されるのは，「つぎからつぎへ」や「つぎつぎに」で表される出来事のコトの複数回を表す事象が，（32）の "many, many little bubbles" や（33）の "huge waves" のように，モノを表す複数名詞で表現されているということである。いわば，コトとモノが対応しているわけであるが，日本語のコト表現と英語のモノ表現の対応については，すでに，第3章の 3.4.2.5 節の例文（40），（41）で見た通りである。この点については，「時間的存在としての〈コト〉における〈出来事〉の概念は，空間的存在としての〈モノ〉における〈個体〉の概念と相同的に対応する」（池上（2000: 142））[7] ということも参考となろう。また，（31）では，「つづいて」の対応表現として finally が用いられていることが注目される。これは，先の第3章 3.3.2.1 節の例文（14）で論じた，「やがて」が finally で処理されているのと同じ現象であると考えられる。

　次は，「つぎつぎに」等の語句が用いられて日本語に訳出されている例である。

(34)　Halibut Jackson made <u>suits</u> for *everybody*.

(D. Lucas, Halibut Jackson: p. 22)

　　　すると　いろんなひとが　<u>つぎから　つぎに</u>，ふくを　つくってほしいと　やってきました。

(『カクレンボ・ジャクソン』: p. 22)

(35)　This caused <u>some of the leaves</u> to be torn from their branches and swept up in the wind, tossed about and dropped softly to the ground.

(L. Buscaglia, The Fall of Freddie the Leaf: p. 14)

---

　[7]　さらにこの点について付け加えるならば，ここでの，モノ表現とコト表現の違いについては，第1章の注6でふれた，英語の「モノ的世界観」と日本語の「コト的世界観」の違いが関わっていると考えられる。

第5章　「プロセス体験志向」と「結果分析志向」　　95

を　みはっていました。

（なかやみわ『そらまめくんのベッド』: p. 22）

From then on, <u>day after day</u>, Big Beanie watched his bed.

（*Big Beanie's Bed*: p. 22）

(30)　Frog and Toad ate many cookies, <u>one after another</u>.

（A. Lobel, *Frog and Toad Together*: p. 32）

ふたりは　つぎつぎに　たくさん　たべました。

（『ふたりはいっしょ』: p. 32）

しかし，"day after day"，"one after another" における "after" は，すでに終了したことを基準にしての結果分析的な意味合いがあるのに対し，「来る日も来る日も」「つぎつぎに」には，語りの現場において，進行している時の推移に沿って，事象の体験が語られているニュアンスが感じられる。

　しかし，このように対応表現がある場合よりは，ない場合のほうが多い。まずは，日本語原文で，「つづいて」「つぎからつぎへ」「つぎつぎに」等の語句が用いられている例である。

(31)　ところが，<u>つづいて</u>，「ぴんぽーん，ぴんぽーん」と　なりました。　　（しみずみちを『はじめてのおるすばん』: p. 23）

But then it rang again, and, <u>finally</u>, a third time. "Ding-dong! Ding-dong!"　　（*Ding-Dong!*: p. 22）

(32)　みているまに，<u>つぎからつぎへ</u>，ちいさなシャボンだまが，たくさんでてきた。　　（松岡享子『おふろだいすき』: p.15）

As we watched, the seal shot <u>many, many little bubbles</u> out into the air.　　（*I Love to Take a Bath*: p. 15）

(33)　みあげるような　おおなみが，<u>つぎつぎに</u>　とびかかってきて，ふねを　うえへしたへと　ふりまわした。

（大塚勇三『うみのがくたい』: p. 7）

<u>Huge waves</u> towered high above the ship. The boat rose and fell with the waves.　　（*The Ocean-Going Orchestra*: p. 7）

第5章　「プロセス体験志向」と「結果分析志向」　　103

(51)　The chartered turboprop <u>was just passing over</u> the twin-
　　　kling lights of Monaco when Aringarosa hung up on
　　　Fache for the second time.　　　　　　　　(ibid.: p. 339)

　　　チャーターしたターボプロップ機が光のまたたくモナコ上
　　　空を<u>通過しようとしているころ</u>，アリンガローサはファー
　　　シュとの二度目の通話を終えた。　　　　　　(同上：p. 282)

(52)　Now, like a house of cards, it <u>was collapsing in</u> on itself
　　　… and the end was nowhere in sight.

　　　　　　　　　　　　　　(D. Brown, *The Da Vinci Code*: p. 340)

　　　それがいま，トランプの家さながらにみずからの重みで<u>崩
　　　れようとしている</u>。とはいえ，終焉のきざしは見あたらな
　　　かった。

　　　　　　　　　　　　　　(『ダ・ヴィンチ・コード（中）』: p. 284)

これらは，(49) の単純過去形であれ，(50) の知覚構文であれ，
(51)，(52) の進行形であれ，すべて，事象が実現していることを
表しているのであるが，あえて，「実現直前の一瞬」を表す「～よ
うとする」と訳出されたのは，現場で進行する事象として，「臨場
的」・「体験的」に捉え直されたためである。

5.3.3.　「～そうだ」

　「～そうだ」にはいくつかの意味用法があるが，本節で扱うのは，
「視覚的にキャッチできる動きや変化が生起する直前状態と現状を
見て取るとき」（森田 (1986: 595)）に用いられる「そうだ」である。
　次の例を見てみよう。

(53)　すとーぶは，いまにも　きえそうでした。

　　　　　　　　　　　　(中川正文『ねずみのおいしゃさま』: p. 15)

　　　The stove <u>was about to go out</u> …

　　　　　　　　　　　　　　　　　(*Dr. Mouse's Mission*: p. 15)

(54)　滝沢は，まだ何か<u>言いたそうな</u>顔をしていたが，は虫類の

ような目を幾度か瞬かせると，すっと前を向いてしまった。

(乃南アサ『凍える牙』: p. 121)

Takizawa looked <u>as if he would have liked to say more</u>;
but then, blinking several times, he turned his cold, reptil-
ian eyes away and faced forward again. (*The Hunter*: p. 68)

(55) そして，貴子は疲れと緊張で<u>震えそうになる手</u>で，再びエ
ンジンをかけた。　　　　　　　　　　　(同上 : p. 471)

Then, her hands <u>shaking with</u> fatigue and tension, she
switched the engine back on.　　　　　　(ibid.: p. 246)

(56) 「女房はこの春，亡くなったんだよ」

「知ってます」

「え？……」

立花は驚いて，<u>あやうく紅茶をこぼしそうになった。</u>

(内田康夫『戸隠伝説殺人事件』: p. 172)

"My wife died this spring."

"Yes, I know."

"You do?" Tachibana <u>almost spilled his tea.</u>

(*The Togakushi Legend Murders*: p. 141)

(53) では be about to が用いられているが，「～そうだ」は，これ
らの英語表現よりもはるかに「視覚的・感覚的な勘による刹那的印
象」(森田 (1986: 595-596)) なのである。この「視覚性」のニュアン
スは，be about to にはないものである。(54) は as if の仮定法で
述べられているが，仮定法は「視覚的・感覚的な勘」によるもので
はない。また，(55) では，「～そうに」の箇所に，-ing 形が用いら
れて，すでに実現した表現になっており，日本語原文との間にかな
りのズレがある。また，(56) での almost は結果志向表現である。

次は，逆に，日本語訳に「～そうだ」が現れている例である。

(57) "No, I don't," said Fred, and Horace could tell that Fred
<u>was about to cry.</u>　　　　　(H. Keller, *Brave Horace*: p. 25)

第 5 章 「プロセス体験志向」と「結果分析志向」 105

「や, やだったら！」フレッドはなきだしそうです。

（『かいじゅうなんか　こわくない』: p. 25）

(58) We climbed mountains so high it seemed as if we would
scrape the moon.　　　(C. V. Allsburg, *The Polar Express*: p. 9)

山も越えた。ものすごく高い山で, ぼくらはもう少しでお
月さまをかすめそうだった。　　　（『急行「北極」号』: p. 9）

(59) Twice he was nearly caught when the ship stopped to
take on more cargo. (R. S. Gannett, *My Father's Dragon*: p. 13)

もっとにもつをつむために, とちゅうのみなとにふねがと
まったとき, エルマーは, 二どほど, あやうくみつかりそ
うになりました。　　　（『エルマーのぼうけん』: p. 29）

(60) He almost laughed out loud at the absurdity of it.

(D. Brown, *The Da Vinci Code*: p. 183)

あまりの突飛さに, 思わず声をあげて笑いそうになった。

（『ダ・ヴィンチ・コード（中）』: p. 16）

ここでも, (58) の as if の仮定法表現や, (59) の nearly, (60)
の almost といった結果志向的な表現が, 「〜そうだ」と体験的に捉
え直されていることが注目される。

5.3.4.「〜ところ」

「〜ところ」については, 池上・守屋（2009: 118）は,「トコロ
は, だれか／何かの動きや活動のプロセスのある一瞬を切り取って
静止画像のように把握する機能を有（する）」とし, 日本語話者に
〈好まれる言い回し〉であるとしている。いわば, 一瞬の「見え」を
静止画像として捉えた用法であると言える。「ところ」についても,
場面密着の体験的把握であればこそ, 一瞬の場面を静止画像にし
て, 把握することが可能になると言える。

まずは, 日本語原文に,「ところ」が用いられている例と対応す
る英語表現を比べてみよう。

106

(61) いぬは　ちょうど　ソーセージを　たべるところでした
が，それを　きいて，あわてて　にげだしました。

(さとうわきこ『せんたくかあちゃん』: p. 6)

Although the dog was just about to sink its teeth into a
nice tasty sausage, it jumped to its feet and ran.

(*Sudsy Mom's Washing Spree*: p. 6)

(62) 「びっくりして，きから　おちるところだった !!」りすが
いった。　　　　　　　　　　　　　(『どろんこ　おそうじ』: p. 16)

"I was so surprised that I nearly fell out of the tree,"
Squeaky Squirrel says.

(*Grandma Baba's Big Clean-up!*: p. 16)

(63) 三原は，つぎつぎと慎重にめくった。さらには五枚目ぐら
いのあたりで，彼は思わず，叫びをあげるところだった。

(松本清張『点と線』: p. 168)

He leafed through a few more, and suddenly, he almost
cried out in disappointment. It was there!

(*Points and Lines*: p. 104)

(64) あっ，と危うく叫ぶところだった。　　　(同上 : p. 187)

He stifled a cry.　　　　　　　　　　　　　　(ibid.: p. 116)

これらの「ところ」が表す「プロセスのある一瞬を切り取った静止
画像」のニュアンスも，対応する英語訳では十分言い表されている
とは言い難い。(63) では，almost が用いられた結果表現になって
おり，(64) では，ある事象の一瞬の意味合いは無視されている。
　次は，日本語訳に「ところ」が用いられている例である。

(65) George tried to run away. He almost did, but he got
caught in the telephone wire, ...

(H. A. Rey, *Curious George*: p. 36)

じょーじは，にげようとしました。けれども，もうちょっ
と　というところで，でんわのこーどに　ひっかかってし

第5章 「プロセス体験志向」と「結果分析志向」　107

まいました。　　　（『ひとまねこざるときいろいぼうし』: p. 36)

(66)　… and laughed and laughed until she nearly crumbled to
　　　bits.　　　　　　　　　　　　　（D. Lucas, *Cake Girl*: p. 21)
　　　……あんまり大声でわらいつづけたので，ケーキのからだ
　　　が，もうすこしで，ぽろぽろと　くずれてしまうところで
　　　した。　　　　　　　　　　　　（『魔女とケーキ人形』: p. 21)

(67)　… as the red sun settled over the meadow.
　　　　　　　　　（R. S. Gannett, *Elmer and the Dragon*: p. 42)
　　　ちょうど，お日さまは，のはらのむこうに，しずむところ
　　　でした。　　　　　　　　　　（『エルマーとりゅう』: p. 74)

(68)　At the front of the car was the Duke of Croydon. For a
　　　horror-filled instant, Keycase had an impulse to turn and
　　　run.　　　　　　　　　　　　　　　　　　（*Hotel*: p. 382)
　　　そのエレベーターの真正面にクロイドン公爵が乗ってい
　　　た。キーケースは一瞬はっとした。あやうく衝動的に逃げ
　　　出すところだった。　　　　　　（『ホテル（下）』: p. 282)

(66) は until が用いられた結果表現となっている。(67) の英語原
文は，すでに日が沈んだものとされているが，日本語訳では，臨場
的に捉えられている。これは先の (40) で，日本語原文の「夜にな
りかかっている」が "Night had already settled" と結果的に英訳さ
れているのと，平行的な現象であると言えよう。

5.3.5.　まとめ

　これまで，事象の瞬時のプロセスを表す「～かかる／かける」
「～ようとする」「～そうだ」「～ところ」の日本語と英語を比較対
照してきたが，興味深いことは，これらの表現のどれにも，以下の
ような be about to が用いられた対応表現があるということである。

「～かかる／かける」
　(69)（= (37)）　オオカミの　わらいごえを　きいて，ヤギは　お

もわず,『オオカミみたいな　すごみの　ある　ひくい
おこえで。』と　いいかけたが,しつれいだと　おもい,
くちを　とじる。　　　　　　(木村裕一『あらしのよるに』: p. 16)
The goat was just about to say: Your voice sounds like a
wolf's, low and gruff.　But he thought this might be
rude, so he decided against it. (*One Stormy Night ...*: p. 16)

「～ようとする」

(70)(=(46))　でっかいかばを,すっかりあらって,おゆをかけ
ようとしたとき,おふろのなかから,いせいのいいこえ
がきこえた。　　　　　　(松岡享子『おふろだいすき』: p. 24)
I had scrubbed him thoroughly and was about to wash
away the bubbles when we heard a loud voice from the
bathtub.　　　　　　　　　　(*I Love to Take a Bath*: 24)

「～そうだ」

(71)(=(53))　すとーぶは,いまにも　きえそうでした。
　　　　　　　　　　　(中川正文『ねずみのおいしゃさま』: p. 15)
The stove was about to go out ...
　　　　　　　　　　　　　　　　(*Dr. Mouse's Mission*: p. 15)

「～ところ」

(72)(=(61))　いぬは　ちょうど　ソーセージを　たべるところ
でしたが,それを　きいて,あわてて　にげだしました。
　　　　　　　　　　(さとうわきこ『せんたくかあちゃん』: p. 6)
Although the dog was just about to sink its teeth into a
nice tasty sausage, it jumped to its feet and ran.
　　　　　　　　　　　　　(*Sudsy Mom's Washing Spree*: p. 6)

このことは,日本語においては,これらの事象の瞬時的なプロセ
スを知覚体験的に把握する4つの異なった表現があるが,結果志
向の英語ではこれらの表現の区別をすることはできないために,こ

第5章 「プロセス体験志向」と「結果分析志向」 109

れらの表現と近い意味をもつ be about to が代用されたと考えられる。[10] しかし be about to は，先の注9で述べたように，これらの日本語表現のもつ現場での「瞬時性」と「知覚体験性」のニュアンスは持ち得ていない。

結局，「現場で進行する事象の一瞬」は，「場」に密着する「体験的な事態把握」でしか捉えられず，「分析的な事態把握」では捉えられないということになる。[11] 瞬時的プロセスを捉え得る多様な表現があるということは，「場」での「事象の一瞬の体験的把握」が日本語において好まれる事態把握であることを示すものであるが，この「一瞬の事象の把握」は，第7章で論じる，日本人に愛好されるカメラや俳句にも通じるものがあることは指摘しておいてよいであ

---

[10] be about to については先の注9を参照されたい。

[11] また，日本語が「一瞬のイマを把握できる」ことに関連があると思われる他の言語現象として，"Now I know where you are." 「どこにいるか今分かったよ」，"I like you now!" 「大好きになったわ！」の例におけるように，英語が結果状態を表すのに対し，日本語が変化の一瞬を「タ」で表すということもあげられるかもしれない。実は，上であげた言語事実の指摘は，『認知の言語』の著者である濱田英人氏に，松下秀憲氏が，「日本語では，分からなかった状態から，分かった状態に変化した場合，その変化部分も取り込んで「分かった」と起動相的に表現するほうが自然ですが，英語では……現在の状態だけで表現しますね。……」という質問の際に氏が用いた例文と試訳である。

濱田氏は，松下氏の提案を全面的に受け入れた上で，「このように日本語話者が出来事を「推移」あるいは「過程」として認識することから，「分かった」という認識においても「変化の部分も取り込んで起動相的に表現する」という松下先生のご指摘は，日本語と英語を対照的に考察しますときに非常に重要なポイントと考えられます。」と返答したとのことである。確かに，松下氏，濱田氏の言う通りであるが，この日英語の違いについては，本書の枠組みから言えば，「場での一瞬の今」を「体験的」に把握できる日本語と，「場」が存在しないゆえに，「一瞬の今」を把握できず，事象を「結果分析的」にしか把握できない英語の違いとすることも可能かもしれない。

松下秀憲氏とのやりとりを提供して下さった濱田英人氏に感謝します。

110

ろう。[12]

5.4. 「途中」

これまで，日本語の体験的把握の観点から日本語のプロセス志向表現について見てきたが，進行する事象の〈途中〉を表す「途中」という語についても，同じような観点から捉えることが可能であるように思われる。

もっとも，空間的な意味での「場所」を表す「途中」の用法については，英語にも on the way や halfway のような対応する表現があることは言うまでもない。

(73)　途中寄り道をして目刺しや，大根，人参などを買いこんだ。

（三浦綾子『塩狩峠』: p. 240)

On the way he bought some sardines and a large white radish and some carrots, in a side street.

(*Shiokari Pass*: p. 189)

しかし，結果志向の英語では〈時〉や〈事象〉の推移の〈途中〉が把握の対象とはされない場合のほうがはるかに多い。

次の例を見てみよう。

(74)　……，ま夜中のとうげ道を，えっちら，おっちら，じさまの小屋へのぼってきた。とちゅうで，月がでてるのに，雪がふりはじめた。この冬はじめての雪だ。

（斉藤隆介「モチモチの木」『モチモチの木』: pp. 74-76)

The doctor trudged up to Grandpa's cottage in the wee hours of the night. Although the moon was still bright, it

---

[12] この点については，第7章7.4.3.1節の (19) の引用についての説明も参照されたい。

第 5 章 「プロセス体験志向」と「結果分析志向」　　111

began to snow. It was the first snowfall of winter.

(*The Tree of Courage*: p. 25)

(75)　かっこうはたいへんよろこんで途中からかっこうかっこう
　　　かっこうかっこうとついて叫びました。

(宮沢賢治『セロ弾きのゴーシュ』: p. 24)

The cuckoo was so overjoyed that he joined in loudly
with his own cuckoo cuckoo cuckoo cuckoo.

(*Gauche the Cellist*: p. 24)

(76)　照子は，ニュースの途中でテレビのスイッチを切ると，そ
　　　の晩は，早々に布団にもぐり込んでしまった。

(乃南アサ『凍える牙』: p. 436)

She switched the news program off before it was over
and crawled into bed.　　　　　　　　(*The Hunter*: p. 228)

(77)　「代わりの家政婦なら，いくらでもいる」
　　　組合長は私の言葉を途中で遮り，事務机の引き出しを開け，
　　　博士の顧客カードをホルダーに差し込んだ。

(小川洋子『博士の愛した数式』: p. 166)

"There are plenty of other housekeepers who can look af-
ter him," said the Director, cutting me off. He opened the
drawer and filed away the card.

(*The Housekeeper and the Professor*: p.106)

(76) の英訳の "before it was over" は，典型的な結果志向の表現
であり，現場の時の流れに沿った「途中」の時は無視されている。
　次は，逆に，「途中」が日本語で訳出された例である。

(78)　And, as always, Horace fell asleep before the end.

(H. Keller, *Horace*: p. 10)

　　　そして，いつものように　ホラスは　とちゅうで　ねむっ
　　　てしまいました。　　（『ママとパパを　さがしにいくの』: p. 10)

(79)　Later she sat on the ground in the forest between school and home, …

(W. Steig, *The Amazing Bone*: p. 5)

それから，とちゅうのもりへよって，じめんにすわりました。 (『ものいうほね』: p. 5)

(80) Twice he was nearly caught when the ship stopped to take on more cargo.

(R. S. Gannett, *My Father's Dragon*: p. 13)

もっとにもつをつむために，とちゅうのみなとにふねがとまったとき，エルマーは，二どほど，あやうくみつかりそうになりました。(『エルマーのぼうけん』: p. 29) (=第5章 (59))

(81) The meeting was breaking up. In contrast to the earlier accord, there was a sense of constraint and awkwardness.

(A. Hailey, *Hotel*: p. 369)

会談は，途中までの和気あいあいたる雰囲気が一変して，気まずい空気の中で終った。 (『ホテル（下）』: p. 262)

ここでも，(78) での結果志向の表現である "before the end" が，現場でのプロセス体験が明示された「途中」と訳出されていることが注目されよう。これは，日本語原文 (76) の「ニュースの途中」が "before it was over" と訳出されていることに平行する現象である。

影山 (2002: 12) は，「英語は行為や出来事の境界，すなわち最終的な局面を重視する言語であり，他方，日本語は，最終的な結果よりむしろ途中の過程に着目する言語である」（下線部筆者）と述べているが，この「途中の過程に着目する言語」の表れのひとつの特徴が，「途中」という語の多用に示されているとも考えられる。

また，このことに関しては，次の例の主体移動表現における日本語と英語の容認性の差に通じるところがあるように思われる。

中村 (2004: 44) は，(82a), (83a) のように，ハイウェイのような通行可能な経路の場合は，英語も日本語も主体移動表現が可能で

あるが，(82b)，(83b) の電線のように経路が通行不可能な場合は，英語の主体移動表現は可能だが，日本語の場合には，基本的に不可能であるとの興味深い指摘をしている。

(82) a. The highway {goes / runs / meanders / zigzags / proceeds} through the desert.

　　b. The wire {goes / runs / meanders / zigzags / ?proceeds} through the desert.

(83) a. そのハイウェイは平野の真ん中を {走っている / 行く / 通って行く}。

　　b. その電線は平野の真ん中を {通る / *行く / ??通って行く}。

このことについて，中村（2004: 44）は，「英語の場合 D モードだとすると，視点は外にあるから視線が経路を走れればよいから，通行不可能な経路でも主体移動表現が可能になる。日本語の場合，I モードの反映だとすると，認知主体は仮想上でも状況内にあるため，通行が不可能な経路については，主体移動表現が困難になる」とし，「結論的には，語り手がいわば状況内に身を置くようにして描写するためと言ってよいであろう」としている。

　「途中」の語についても，いわば，状況内に身を置いて，時と共に進行する事象の〈途中〉を体験する表現と考えてよいと思われる。

第 III 部

「事態把握」の違いからみた
日米の「映画ポスター」と「文化」

第6章　事態把握の表れとしての映画ポスター

6.1.　はじめに

　これまで，「場面内視点」の日本語表現は感覚体験的であり，対応する「場面外視点」の英語表現は分析的であることを見てきた。このような言語表現の違いは，「映画ポスター」では，どのような違いとなって表れているのだろうか。本章では，日米の映画ポスターの違いを，これまで論じてきた「場面内視点」と「場面外視点」の違いの観点から考察してみたい。[1]

---

[1] 池上 (2002: 158) は，「広告・宣伝の文化的な差」についてふれ，「アメリカの場合は，製品についての情報を提供するというのが基本であるが，日本の場合はその気にさせてしまう―つまり，知性より感性に訴えるというのがポイントである」との説を紹介しているが，「知性」は分析的な把握と関わりがあり，「感性」は体験的な把握と関わりがあるとも言える。

　また，足利 (2008: 81–89) は，インターネット広告の日米比較についての論考であるが，日本語の広告は「商品重視」であるのに対し，英語の広告は「エージェント重視」と結論づけている。足利は，この結論づけとの関連で，Maynard (1997: 172) の日本語と英語の違いを "scene-orientation" と "agent-orientation" とする説を紹介しているが，「商品重視」"scene-orientation" と「エージェント重視」"agent-orientation" は，それぞれ「場面内視点」と「場面外視点」からの事態把握に対応すると言える。「商品」や "scene" は，「場面内」での知覚・体験的把握によるものであるが，「エージェント」("agent") は，「場面外」からの分

116

第6章　事態把握の表れとしての映画ポスター　　117

　もちろん，映画は産業であり，「映画ポスター」はあくまで，その興行的な成功を目的として作成されるのであって，言語表現のように，日英語の「事態把握」がそのまま反映されたものではないことは言うまでもない。ただ，そこには，「事態把握」の違いが，何等かの仕方で反映されていることも確かなことであると思われる。[2] 以下の論考は，あくまで，この何等かの反映の仕方に関しての一般的傾向についての考察であることを，まずもって，お断りしておきたい。

　また，「映画ポスター」と言えば，比較の対象となるのは，ポスター画像だけのようにも思えるが，この他に，映画タイトルとポスター画像の中に書き込まれているメッセージも考察の対象となり得るものである。

6.2.　オリジナル版と日本版映画ポスターの背景画像の　　　有無の違い

　まずは，映画ポスターの画像の違いから見ていきたい。もちろん，画像における事態把握の差は，言語表現における事態把握の差ほどは，はっきりしたものではないことは，現今においては，同じ画像が用いられている場合のほうがはるかに多いことからも明らかである。ただ，オリジナル版と日本版では異なっている場合もあり，その場合の異なり方については，何らかの「好まれる画像」の傾向といったものが存在しているようにも思われる。以下での画像

析的把握によるものとも考えられる。

　[2] 例えば，欧米の映画タイトルをつけるにおいてポイントとなるのは，‘short’（短い），‘easy to remember’（覚えやすい），‘catchy’（人の注意を引く）の三つであり，タイトルの表す内容にあまり深い意味はないとも言われる（尾野（2004: 98）の注5を参照されたい）。確かに，タイトルをつけるにおいて，そのような観点は重要なポイントになると思われる。ただ，そうであるにしても，このような仕方でのタイトルのつけ方は，多分に「分析的」であるとも言えよう。

118

についての記述は，あくまでも，この大まかな「好まれる画像」に
ついての一般化である。

　まず，以下の (1)-(3) の3種類の日米の映画ポスターの画像を
比べてみることにしたい。

(1)　*Shane*『シェーン』(1953)

a. 　b. 　c.

(2)　*Gunfight at the O.K.Corral*『OK 牧場の決闘』(1957)

a. 　b. 　c.

(3)　*Dirty Harry*『ダーティハリー』(1971)

a. 　b. 　c.

(1)，(2)，(3) とも，オリジナル版ではぼやけている背景が，日本
版ではぼかしがとれているという点で共通している。特に，(1b)
の日本版は遠くの山まではっきり描かれているのが特徴的であり，
(3a) と (3b) では，(3a) のオリジナル版でぼかしのある箇所が，

第6章　事態把握の表れとしての映画ポスター　　119

(3b) の日本版ではぼかしがとれたはっきりしたものとなっている。
この日本版の背景画像の豊かさは，先に見た第1章1.3節の（3a）
の肖像画について述べた「東洋の肖像画は，画面全体に占める人物
の比率が小さいことになる。逆に言えば，これによって人物が背景
の中に入り込んでいるという効果を得ることができる」という増田
の指摘と重なるものである。

　一方，(2c) は人物のみ，(3c) は人物と銃にのみに焦点が当てら
れた画像となっている。[3] これらの画像に背景が全くないことにつ
いても，先に見た第1章1.3節の（3b）の肖像画についての「欧米
の肖像画は，画面全体に占める人物の比率が大きい」という増田の
指摘と重なる。つまり，日米の肖像画の特徴は日米の映画ポスター
画像にもそのまま当てはまるのである。

　では，なぜ，このような違いがでてくるのだろうか。これまで第
II部で論じてきた，「体験的」と「分析的」という事態把握のあり
方を，映画ポスターに当てはめて考えてみたい。

　まず，ポスター画像の場合，「場面内視点」での「体験的」な事態
把握である「知覚と認識が融合した認知」においては，「知覚」は，
もっぱら「視覚」ということになり，映画での「見えるまま」のシー
ンがそのまま背景画像となって現れやすいということになる。また
この場合，主人公もあくまでシーンの中の一部，つまり，「場の一
部」として把握されることになり，このことが「画面全体に占める
人物の比率が小さい」ということに関わってくると考えられる。こ
のことは，先の第1章でみた（1a）の例文で，日本語では，モノは
コトの一部として捉えられるということと平行的な現象である。

　逆に，オリジナル版では背景がなく，主人公のみがクローズアッ

---

　[3] オリジナルポスターの画像には，(3c)，(7)，(11) のように，イラストが用
いられている画像が多いと言えるが，そもそも，イラストは，知覚ではなく，概
念的・分析的な画像とも言えるものである。なお本章で用いられている映画ポス
ター画像はすべてインターネットからのものである。

プされた画像が多いのは，英語が，「場面外視点」であるために，場面を「知覚的・感覚的」にではなく，「分析的」に把握するため，シーンとは分離された，主人公といった焦点が当てられたモノのみが把握されがちになるためである。これは，先の第1章で見た (1b) の例文で，英語では，まず，モノに焦点が当てられるということと重なる現象である。[4] つまり，「体験的把握」・「分析的把握」による「コト志向」・「モノ志向」は，言語表現のみならず画像にも当てはまる現象なのである。

以下，背景のないオリジナルポスターと，背景のある日本版ポスターの例を追加しておきたい。

(4) *Love Story*[5]　　　　　　(5) *The Way We Were*
   『ある愛の詩』(1970)　　　　　『追憶』(1973)

---

[4] 日本版ポスターは背景描写が豊かであるのに英語版ポスターは人物に焦点があるという違いについては，先に第1章注6でも述べた濱田 (2017)「脳内現象としての言語」の観点からは，次のような説明になると思われる。

まず，背景描写の豊さについては，「日本語話者が「見えているまま」を言葉で表現するのは，知覚された状況を主に左脳で処理する」ということが関わっている。ここでの「「見えているまま」を言葉で表現する」とは，「「見えているまま」を画像で表現する」ということでもあり，このことが，「背景描写」の豊さにつながると考えられる。一方，英語版では人物が焦点化されやすいことについては，「英語話者は知覚した事態を右脳で客体化し，視覚空間的に捉えるためイメージ化しやすく」，そのため，「事態全体のどこを切り取るかに際して，その状況のどこかに意識を向ける」という「Figure/Ground 認知」が活性化するためということになる。

[5] 日本人には，背景画像のある映画ポスターのほうが好まれるのであるが，欧

第6章 事態把握の表れとしての映画ポスター　　121

(6) *The Getaway*
  『ゲッタウェイ』(1972)

(7) *Telefon*
  『テレフォン』(1978)

(8) *The Wild Geese*
  『ワイルドギース』(1978)

(9) *November Man*
  『スパイ・レジェンド』(2015)

　ちなみに，(7) は，背景画像のある無しの他に，オリジナル版では，電話の受話器というモノが強調された画像になっていることが注目される。また，(8) と (9) を見てみると，ほとんどオリジナル版と日本版で違いがないように見えるが，(8) においては飛行機，(9) ではユーラシア大陸とアフリカ大陸といった背景が付け加えられており，こちらのほうが，日本人にとっての「好まれる画像」となっている。また，相対的に，これらの画像における人物は，日本版においては，オリジナル版よりも小さいものとなっている。

米人は逆の印象を持つようである。ちなみに，(4) の映画ポスターについて，あるネイティブスピーカーは，「日本版の木に雪が積もっている背景は不必要で irrelevant な情報でスッキリしない。背景がないオリジナル版のほうが主人公のみに焦点が当てられてスッキリする」とコメントしていたが，この見方は，まさに，第1章 1.3 節でみた「ボスだけを見る欧米人」そのままである。

6.3. オリジナル版と日本版映画ポスターのタイトルの違い

先にも述べたが，映画ポスターの画像は，全てオリジナル版と日本版が異なっているというのではなく，日本版とオリジナル版で同一の画像が用いられる場合のほうがはるかに多い。しかし，画像が同一な場合でも，以下で述べるように，タイトルやメッセージが異なっている場合が一般的である。[6] と言うよりも，同一の画像が用いられ，さらに，メッセージやタイトルもそのまま直訳されたような映画ポスターはきわめて少ないとすら言える。

さて，映画タイトルの日本版とオリジナル版の違いについては，すでに尾野（2004: 74）で，次のような指摘をした。

(10) 英語の原題には，全体の雰囲気よりは，焦点として捉えられた事態・事物を分析的に捉えた表現が用いられる傾向があるのに対し，邦題には，映画全体の雰囲気・ムードを表す感覚的表現が用いられる傾向がある。

では，なぜ，このような違いが生じるのかということになるが，この表現の違いにも，「場面内視点」における「体験的把握」と，「場面外視点」における「分析的把握」という事態把握の違いが関わっていると考えられる。

映画タイトルの場合，「場面内視点」においては，言語表現の対象となるのは，映画全体の雰囲気ということになると思われる。つまり，「体験的」な事態把握である「知覚と認識が融合した認知」においては，「知覚」は，ポスター画像におけるような「視覚」ではなく，もっぱら，映画全体に対する「感覚」であるということになる。タイトルとして「映画全体の雰囲気・ムードを表す感覚的表現」が現れやすいのはこのためである。ちなみに，この「感覚」による把

---

[6] アメリカ映画のオリジナルタイトルと邦題の違いについて考察した研究として，Tsukawaki（2009）をあげておきたい。

握の言語表現は，先の第4章の「「感覚・感情体験」・「共感体験」に関わる表現」と同じ性質のものである。さらに，商業ベースに基づく邦題の映画タイトルにおいては，より感覚的にインパクトのある表現が多く用いられることになろう。

一方，「場面外視点」においては，映画を外から捉えることになるので，映画の「場」での雰囲気は感じ取れず，そのため，おのずと，映画の内容を分析的に把握した表現がタイトルになりやすいということになる。[7]

このことを念頭に置いて，まずは，すでに画像の違いとしても取り上げた，(2) の *Gunfight at the O.K. Corral* と『OK 牧場の決闘』のタイトルの違いを考えてみよう。この例では，オリジナルタイトルにある corral が，邦題では「牧場」に変えられていることが注目される。corral とは，「(牛・馬などを一時的に入れる) 柵囲い」の意味であるが，「OK 柵囲いの決闘」という原題を直訳した映画タイトルは，インパクトのある感覚的な表現を重んじる邦題としては全くもってあり得ないタイトルであるとさえ言える。これは，「牧場」は，「雰囲気・ムード」を醸し出す表現で感覚体験的に把握されやすいのに対し，「柵囲い」が何ら雰囲気のあるイメージを醸し出さず，よって感覚体験的に把握され難いためである。

さらに，次の八つの映画のオリジナルタイトルと邦題の違いを比べてみよう (これらは (16) を除いては，背景画像のある無しの観

---

[7] 先の注4で述べた，英米のポスター画像に関しての，濱田 (2017: 54-57) の観点からの説明は，そのまま，言語表現であるオリジナルタイトルについても当てはまる。つまり，「英語話者は知覚した事態を右脳で客体化し，視覚空間的に捉えて言語化するためイメージ化しやすく」，そのため，「その状況のどこかに意識を向ける」という「Figure/Ground 認知」によって，分析的でモノに焦点をおいた映画タイトルをつける傾向がでてくるということなる。一方，日本語話者は，「「見えているまま」を言葉で表現する」とのことであるが，「見えているまま」とは，「感じているまま」ということでもある。よって，「感じているまま」である「感覚的表現」が用いられるということになろう。

点からも興味深い)。

(11) *In the Heat of the Night*
『夜の大捜査線』(1967)

(12) *The Thomas Crown Affair*
『華麗なる賭け』(1968)

(13) *Two Mules for Sister Sara*
『真昼の死闘』(1970)

(14) *Silver Streak*
『大陸横断超特急』(1972)

(15) *Body Heat*
『白いドレスの女』(1981)

(16) *The Horse Whisperer*
『モンタナの風に抱かれて』(1998)

第 6 章　事態把握の表れとしての映画ポスター　　125

(17)　*Basic*　　　　　　　　(18)　*Lions for Lambs*
　　『閉ざされた森』(2003)　　　　『大いなる陰謀』(2007)

これら八つの映画のオリジナルタイトルを直訳すると，それぞれ，(11)「夜の熱気の中で」，(12)「トマス・クラウンの情事」，(13)「シスター・サラのための 2 頭のラバ」，(14)「シルバー　ストリーク」，(15)「体熱」，(16)「馬にささやく者」，(17)「基本」，(18)「子羊のためのライオン」ということになるが，このような日本語タイトルでは，何についての映画なのか，皆目見当がつかなかったり，もしくは，映画の内容について誤解してしまうようなタイトルである。例えば，もし，「シスター・サラのための 2 頭のラバ」という映画タイトルがあるとすれば，日本人は，尼僧サラと彼女が飼っている 2 頭のラバについての映画だと思ってしまい，西部劇を思いつくことは，全くもってあり得ない。

　このようなオリジナルタイトルが可能となるのは，「場面外視点」が，あくまで，映画の一部のモノだけを分析的に取り出し，それに焦点を当てる事態把握であるからである。つまり，分析的な事態把握においては，映画全体が醸し出す感覚・雰囲気等は把握の対象とはなり得ず捨象されてしまうのである。第 1 章 1.3 節では，「包括的思考様式」と「分析的思考様式」という用語を用いたが，「包括的」とは，あくまで映画全体を射程に入れるということであり，このことは，「場面内視点」において，映画全体の「場」を「体験」するということでもある。よって，日本版では，映画全体を彷彿させるタイトルが付けられるということになる。「柵囲い」や「体熱」，

「馬にささやく者」、「基本」といった表現は、映画全体の知覚感覚体験を何ら表し得ないのである。

また、日米の映画タイトルの違いの特徴として、オリジナルタイトルには (1) の「シェーン」や (3) の「ダーティハリー」のような映画の主人公名をそのままタイトルにしたものが多いのに対し、邦題においては、(16) の「モンタナの風に抱かれて」のような土地名がタイトルに付けられている例が多いということが言える。いくつか例を見ていきたい。

まず、オリジナルタイトルに、人名が用いられている場合である。(これらも、(21) を除いて、背景画像のある無しの観点からも興味深い)。

(19) *Harper*
　　『動く標的』(1966)

(20) *Duffy*
　　『太陽を盗め』(1968)

(21) *Larry Crowne*
　　『幸せの教室』(2011)

(22) *Sully*
　　『ハドソン川の奇跡』(2016)

これらは、すべて、主人公名をそのまま映画のタイトルにしたもの

であるが，そもそも主人公名のタイトルは，「場面外視点」において，主人公というモノに焦点を置いたタイトルと言える。しかし，主人公名そのものは，映画全体の内容とは必然的なつながりは全くなく，可能性としては，これらの四つの主人公名はこれら四つのどの映画タイトルにもなり得ると言える。[8] つまり，主人公名そのものは体験的には把握されにくく，よって，邦題のタイトルとしてそのままでは用いられずに，新たな感覚体験的な邦題が付けられたと考えられる。(もちろん，「シェーン」や「ダーティハリー」のように，邦題でもそのまま用いられている例もある。[9]) また (21) のオリジナル版では，Tom Hanks, Julia Roberts と俳優名が対比されているが，[10] 日本版ポスターでは，「学生」と「教師」が対比されていることが注目される。これは，「学生」と「教師」の関係が，より感覚的に捉えやすいためである。

　固有名詞がそのままオリジナルタイトルとなる場合は，固有名詞にその映画のイメージを表す修飾語を付け加えたものを邦題にするというテクニックもよく用いられる。例として次の二つをあげてお

---

[8] 極端に言えば，もし，(21) の映画の主人公名が *Sully* であり，(22) の映画の主人公名が *Larry Crowne* であるとすると，映画のタイトルが (21) と (22) で入れ替わることは可能であろう。しかし，『幸せの教室』と『ハドソン川の奇跡』のタイトルが，入れ替わることはあり得ない。というのは，これらのタイトルと映画の内容は必然的なつながりがあるからである。

[9] もっとも，邦題のタイトルで圧倒的に多いのは，本書ではふれないが，原題の英語をそのままカタカナに表記したものである。もちろん，これは，原題の直訳がそのまま邦題とはなり得ない場合がほとんどであり，よって，ふさわしい邦題を考えるべきだったのであろうが，その手間を省いたために生じた現象と考えられる。カタカナ語の表記自体が，そもそも，感覚志向の表れとも言えるが，これは，いいかげんなフィーリング志向の表れであると言っておく必要があろう。このことについては，尾野 (2004: 108-110) で紹介されている，瀬戸川猛資の「洋画の日本題名」(『文藝春秋』平成元年 8 月号) を参照されたい。

[10] 洋画ポスターでは俳優名がよく強調されるが，ペーパーバックの表紙で作家名が強調されるのも同じような現象と考えられる。

きたい。[11]（これらも，背景画像のある無しの点で興味深い。）

(23) *Patton*
『パットン大戦車軍団』(1970)[12]

(24) *Melody*
『小さな恋のメロディ』(1971)

次は，邦題に土地名が現れている例である（この四つについても，日本版においては，背景画像が豊かなものとなっている点で興味深い）。

(25) *Ordeal by Innocence*
『ドーバー海峡殺人事件』(1984)

(26) *Legal Eagles*
『夜霧のマンハッタン』(1986)

---

[11] この種の映画タイトルについては，尾野 (2004: 77-78) を参照されたい。
[12] 個人的なことになるが，筆者は，昔，この映画のタイトルに「大戦車軍団」とあることから，『バルジ大作戦』(1965) のような戦車戦を期待して見に行ったところ，戦車の戦闘シーンはほとんどなくがっかりした記憶がある。これはパットン将軍の伝記映画で，その意味では，Patton というオリジナルタイトルのほうが映画の内容にふさわしいと言える。「パットン大戦車軍団」では「看板に偽りあり」であるが，商業ベースでの感覚性が優先されて，このようなタイトルになったと考えられる。

(27) *Ghost* (1990)　　　(28) *Narrow Margin* (1990)
『ゴースト ニューヨークの幻』　　『カナディアン エクスプレス』

　では，なぜ，地名が邦題に好まれるのだろうかということであるが，これは，主人公名の場合とは全く逆のことが成り立つ。つまり，人名は，感覚的・体験的には把握できるイメージを醸し得ないのであるが，地名はその土地固有のイメージや雰囲気があるため，感覚的・体験的に把握されやすいのである。[13]（これは，次章で述べる，日本文学と場所との関わり合いにつながるテーマである。）

6.4. オリジナル版と日本版映画ポスターのメッセージの違い

　次に，ポスターに書かれているメッセージの違いについて見てみよう。まず，(1) *Shane*/『シェーン』，(2) の *Gunfight at the O.K. Corral*/『OK 牧場の決闘』の日本版ポスターのメッセージを見てみると，日本版には次のようなフレーズがあるのに対し，オリジナル版には，メッセージそのものが存在していない。ちなみに，オリジナル版よりは，日本版のほうがメッセージがはるかに多いが，これは，日本語が感覚体験的であることの反映とみることができる。

(1b)　「西部劇史上にその名を残した詩情あふれる不朽の名作」
(2b)　「遂にきた　男と男が男を決める時」

---

[13] 人名，場所がタイトルとなった更なる映画タイトルの具体例については，尾野 (2004) を参照されたい。

また，日米で同一のポスター画像が用いられている（16）の *The Horse Wisperer*/『モンタナの風に抱かれて』についてであるが，オリジナル版のポスターでは単に俳優名だけが記されているだけなのに対し，日本版ではポスターの上の横列と，縦列中央に，それぞれ，（16a）と（16b）のような感覚的なフレーズが新たに付け加えられているという違いがある。

(16) a. 「この秋，感動を超えるドラマが生まれる」
　　　 b. 「いやされる恋も罪ですか」

これらのメッセージは，第4章4.2.3節の例文（16）での Freddie's Summer soon passed（「フレディの夏はすぐに去った」）が「楽しい夏はかけ足で通り過ぎていきました」と感覚的に訳出され，また，（20）の *So Sleepy Story*/『ねむい　ねむい　おはなし』において，日本語版では，オリジナル版にはなかった「くまさんも　ねむい　ねむい。おもちゃも　ねむい　ねむい。」が付け加わったのと同じ現象である。ここでは，先に第4章の（19）で述べたことと，同じことが起こっているのである。

(29) 体験的事態把握では，分析的事態把握とは異なって，現場に密着していることから，現場の知覚体験に誘発される形で，自然発生的にさまざまな「気持ち，感情，想い」といった emotion が，心に沸き起こりやすい。(＝第4章(19))

つまり，「知覚と認識が融合した認知」における体験的な事態把握においては，現場で，「知覚」として捉えられた「気持ち，感情，想い」（池上（2004: 23））等の emotion が，そのまま emotion を表す言語表現となって表れているのが，映画ポスターのメッセージなのである。

　また，（3）の *Dirty Harry*/『ダーティハリー』では，オリジナル版と日本版のどちらにもメッセージが書かれているが，その内容に違いがある。

第6章　事態把握の表れとしての映画ポスター　　131

(3a)　"You don't assign him to murder cases. You just turn him loose."（あいつに殺人事件をまかせるな。あいつは, 何でも勝手にやっちまう。）

(3b)　「汚れた英雄か！孤独の狼か！裸の町サンフランシスコを裂く白昼の大市街戦！スリル・スピード！大追撃のデッドヒート！」

(3c)　"Detective Harry Callahan. He doesn't break murder cases. He smashes them."（ハリーキャラハン刑事は, 殺人事件を解決するのではない。壊滅させるのだ。）

これから言えることは, 日本版のメッセージの (3b) は, 映画全体に対する, 感覚体験的で多弁なものであるのに対し, オリジナル版の (3a), (3c) では, 映画の主人公の情報を伝えたものとなっているということである。このような (3b) のメッセージの特徴は, 先の (1b), (2b), (16) にも当てはまるものであり, 結局のところ, 日本版とオリジナル版のメッセージの違いについても, 先の (10) の映画タイトルについての一般化と重なり合っていると言えよう。

6.5. 映画ポスターにおける事態把握のまとめ
　　　── 画像と言語表現の関わり合い ──

　本節では, 前節での内容をまとめつつ, 画像とタイトルの関わり合いについてさぐってみることにしたい。

　まず, 体験的な事態把握においては, すでに第 2 章 2.1 節で, 「視覚による把握が〈見え〉の把握の中心的な役割を果たすことになる」と論じたように, 体験的把握が豊かな視覚体験, さらには感覚体験につながり, このことが, 豊かな背景画像につながっていると考えられる。つまり, 日本版ポスター画像での背景描写の豊かさは, 「場面内視点」によって, 映画の場面のシーンを分析することなく, 見たままを知覚体験として捉える事態把握からくるもので,

これは，第2章で論じた日本語表現の「視覚」を表す語彙の豊さと平行する現象であると考えられる。

Shane/『シェーン』の日本版ポスターは豊かな背景描写の典型的な例とも言えるが，日本版ポスターでの人物と背景画像については，おおまかに，次の (30) のようにまとめられるのではないかと思われる。

(30)　体験的把握においては，知覚される人物は，人物としてのみ把握されるのではなく，場面と共に知覚体験されることになり，周囲の情況を示すコト的で豊かな背景画像が表れやすい。

これに対し，欧米での映画ポスターでの人物と背景画像については，おおかまに，次の (31) のようにまとめられるのではないかと思われる。

(31)　分析的把握においては，人物等が，知覚体験としてではなく，あくまで，分析的に捉えられるため，モノ的な人物等だけに焦点が当てられ，周囲の背景が捨象された画像になりやすい。

一方，ポスターにあるメッセージの言語表現については，日本版のものは，オリジナル版よりも，はるかに情緒的でセンセーショナルなものであり，かつ，多弁になりがちであるという傾向は (2) の『OK牧場の決闘』や (16) の『モンタナの風に抱かれて』ですでに見たが，オリジナル版では，日本版ほどは，ポスターに記された感覚的なメッセージは多くない。これには，先に述べたオリジナル版の (31) の画像の特徴が，そのまま，当てはまると考えられる。

よって，映画ポスターのメッセージ表現についての，日本版とオリジナル版の違いについては次のようにまとめられよう。

(32)　体験的把握においては，場の雰囲気が感覚的に把握され，

第6章　事態把握の表れとしての映画ポスター　　133

　　　その感覚がそのまま emotional な表現となってメッセージ
　　　に現れがちであるが，分析的把握においては，場の雰囲気
　　　は感覚的に把握されないため，感覚的で emotional な表現
　　　がメッセージとしては現れにくい。

つまり，画像における背景描写の欠如と言語表現における感覚体験
のメッセージの欠如は，平行している現象なのである。
　さて，画像と言語表現の関連性についてであるが，日本版ポスターについては，次のようにまとめられる。

(33)　「視覚体験」がもたらす豊かな背景画像と，「感覚体験」に
　　　よる感覚的なタイトルや emotional なメッセージの表現は，
　　　どちらも，コト的な「体験性」という点で関連し合っている。

日本版映画ポスターの画像と言語表現の関連性という点について
付け加えるならば，背景画像として，オリジナル版にはなかった，
日本人に好まれる「朝日」や「夕陽」の画像を用い，この画像に合
わせて，日本版タイトルに「夕陽」や「暁」の語を用いて，「画像」
と「タイトル」の調和を狙った映画ポスターも少なからず見受けら
れるが，これは，日本版映画ポスターの特徴とも言うべきものであ
る。この画像とタイトルの調和は，あくまで，「調和」の要素が，
「感覚体験」の把握対象であるためと考えられる。
　例として次の四つをあげておこう。

(34)　*For a Few Dollars More*　　(35)　*Darling Lili*
　　　『夕陽のガンマン』(1967)　　　　『暁の出撃』(1970)

(36) *Wild Rovers*　　　　　(37) *Duck, You Sucker*
　　『夕陽の挽歌』(1971)　　　　　『夕陽のギャングたち』(1971)

  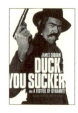 

　(34), (36), (37) に共通している「夕陽」や, (36) での「挽歌」は, よく邦題のタイトルで用いられる表現であるが, このほかにも, すでに示した (12) の「華麗なる…」, (18) の「大いなる…」, (20) の「太陽…」, (24) の「小さな…」や, 「さらば…」「傷だらけ…」, 「哀しみの…」, 「恋人たちの…」, 「荒野の…」, 「…大作戦」などの表現がよく用いられる。これらの表現は, あくまで, 映画の内容を感覚体験的に捉えたものである。[14]

　一方, オリジナル版での画像と言語表現の関連性については, 次のようにまとめられる。

(38) 焦点が当てられた主人公等が中心に描かれた分析的な画像と, 焦点が当てられた主人公名等が記された分析的な表現は, どちらも, モノ的な「分析性」という点で関連し合っている。

---

[14] 「明日」も, よく映画題名に使われる。例としては, 次のようなものがある。*Highway 301* (1951)『明日なき男』, *The Young Savages* (1961)『明日なき十代』, *I'll Never Forget What's 'is Name* (1967)『明日に賭ける』, *Two Weeks in Another Town* (1962)『明日になれば他人』, *Billy Jack* (1971)『明日の壁をぶち破れ』, *Posse* (1975)『明日なき追撃』, *Boxcar Bertha* (1972)『明日に処刑を…』, *Butch Cassidy and the Sundance Kid* (1969)『明日に向って撃て!』。しかし, 「明日」を用いた邦題で最もよく知られているものは, 映画のタイトルではなく, 歌のタイトルである, *Bridge over Troubled Water* (1970)「明日に架ける橋」であることに異論はないと思われる。

第6章　事態把握の表れとしての映画ポスター　　135

この特徴は，上の4つのオリジナル版にも当てはまると言える。

　画像とタイトルの両方について，「分析性」と「体験性」の違いが
よく表れている例として，先に見た（22）の*Sully*/『ハドソン川の
奇跡』の例を取り上げてみたい。

　Sully という主人公名のタイトルと『ハドソン川の奇跡』の地名
の入ったタイトルは，オリジナル版では，「場面外視点」によって，
主人公という「モノ」が焦点となっているのに対し，日本版では，
「場面内視点」によって，「ハドソン川」という「場」がまず設定さ
れ，その場での「奇跡」というコトが述べられている。ちなみに，
この映画ポスターは，画像においても，「主人公」というモノと乗
客の飛行機からの脱出という「出来事全体」というコトが，それぞ
れ，際立って表されており，画像においても，タイトルにおいて
も，視点の違いが典型的に表わされている例であると言えよう。

　感覚体験を感じやすい画像や言語表現がある一方で，感覚体験を
感じにくい画像や言語表現があることは言うまでもない。例えば，
画像に関して言えば，先に見た（15）*Body Heat*/『白いドレスの女』
のオリジナルポスターの一見グロテスクとも思える画像は，先の
（7）の *Telefon* のように，ある特定のモノに焦点が当てられた分析
的な把握によるもので，日本版ポスターとして用いられにくいと思
われるが，これは，この画像が視覚体験・感覚体験としては把握さ
れにくいためではないだろうか。これに対し，この日本版ポスター
には，画像とタイトルの調和が感じられ，感覚体験的な把握が感じ
られる。また，逆に，もし，オリジナル版の画像が，（16）*The
Horse Whisperer*/『モンタナの風に抱かれて』のような何らかの感
覚的なイメージを表し得るものであれば，日本版においても，同一
の画像が用いられるということになろう。

　総じて，日本版とオリジナル版の画像と言語表現のどちらにおい
ても，「体験性」と「分析性」の特徴が現れていると言えるが，日本
版においては，（34）-（37）の例に見られるように，画像とタイト
ルの調和が図られているものが多いと言える。これは，日本版のね

らいが，オリジナル版のようなモノ的情報の伝達だけではなく，「場」全体の雰囲気の感覚体験の伝達にあるからである。[15]

　それに対し，オリジナル版では，「画像」と「タイトル」との「調和」は求められていないように思われる。日本人が，時折，(15) *Body Heat*／『白いドレスの女』のようなオリジナルポスター画像に感じる違和感は，「分析的」なモノの情報の伝達中心の映画ポスター画像に，「感覚体験」を求めようとするところから生じる違和感なのかもしれない。[16]

---

　[15]「情報のみ」の伝達か，それとも，「感覚体験」の伝達かにやや関連があるかもしれないと思われる現象に，「日本人の書く手紙には，天候のあいさつから始める枕詞があるのに対して，アメリカ人の書く手紙は，枕らしきものが全然なく，のっけから本題に入る」(牧野 (1978: 108)) という日本語と英語の手紙のスタイルの違いもあげられるかもしれない。この違いを，本書でたびたびふれる，「モノ的」「コト的」の観点から捉えるとするとどのような説明になるであろうか。まず，アメリカ人の書く手紙は，本題そのものだけが述べられるということであるが，これは，「分析的把握」においては，「手紙の本題」そのものが，周囲の場の雰囲気からは独立したものとして「モノ」扱いされるためで，これは，情報の「モノ的伝達」と言える。一方，日本人が手紙を書く際には，「手紙の本題」そのものだけが独立しているのではない。つまり，「体験的把握」においては，「手紙の本題」という「モノ」は，あくまで，「手紙の本題」の執筆の際の「場」というコト的雰囲気の中に存在するのであり，そこには，執筆者の「感覚体験」や，手紙を書く相手との「共感」の構築が求められる場合もあるということである。要するに，「手紙の本題」という「モノ」は，あくまで，執筆者の感覚体験等の「コト的体験」の一部なのである。よって，天候のあいさつ等が加わった日本人の手紙は，伝えたい情報の「コト的伝達」と言えるかもしれない。
　また，この違いは，本章の注1でふれた，知性に訴えるのか，感性に訴えるのか，の違いにも関わってくると思われる。
　[16] この「違和感」については，尾野 (2004: 97) の注1も参照されたい。

第7章　事態把握のあり方と文化の関連性を
めぐって

7.1.　はじめに

　まず，本章での概略について述べておきたい。

　「体験的把握」の知覚・感覚体験においては，「視覚」がきわめて優勢であり，「見える」「顔」といった，「視覚」が関わる言語表現の多様さについてはすでに第2章で見た通りである。このような「視覚」による把握は，人間関係やコミュニケーションの本質にも何等かの影響を及ぼしていると考えられるのではないだろうか。

　また，日本語表現が「コト志向」であるのは，第1章で述べたように，「日本語表現の基本となる事態把握のスタンスが，「場」での「知覚（視覚）体験」である」ためであるが，そうであれば，日本語の「コト志向」と，本章で論じる「視覚型文化」は，関連し合っているということになる。

　一方，「プロセス志向」に関しては，「〜かかる／かける」「〜ようとする」といった事象の一瞬を把握する多様なプロセス表現があることは，すでに，第5章で見た通りであるが，この「プロセス志向」が，俳句や，日本文化の「道」の思想と関わり合っている可能性について考察する。

　第Ⅰ部第1章でもふれたことであるが，日本文化は，英米文化とは対照的に，移動に対してマイナスの評価を与える傾向があると

思われるが，このことについても，事象に対する体験的な事態把握が関わっていることの可能性についてふれてみたい。過去に愛着を抱く「未練」という概念についても，このことに関連して論じる。

　一方，日本人は，自然と一体となることを好むと言われるが，この自然観についても，事象に対する「コト的体験的把握」が関わっている可能性があることを指摘する。さらに，この「体験的把握」と文学との関わり合いについても考察する。

　最後に，「場」が日本文化に根付いていることについても，「体験的把握」との関わりの観点から論じてみたい。

7.2.　〈見え〉と文化の関わりあい

7.2.1.　「視覚」が関わる文化現象

　「場面内視点」においては，視界は，「場面内」に限定されることから，局所的なものとならざるを得ない。しかし，逆に，限られた範囲内であれば，とりわけ，「視覚」が捉える〈見え〉には敏感であることになり，「視覚」に関わる表現が多いことは，日本語の特徴とも言えるものであることは，すでに第2章で見た通りである。また，先の第6章では，日本版映画ポスターは，オリジナル版ポスターと比べて背景描写が豊かであることも，「場」における視覚体験によるものであることについて論じた。

　このような，〈見え〉に対する体験が現れる日本語での事態把握と，〈見え〉の体験がない英語での事態把握の違いが，日本語文化と英語文化に，何らかの点で，反映されていると想定することは自然であると思われる。つまり，日本語文化は，〈見え〉の体験にこだわる視覚型の文化であるのに対し，英語文化は，〈見え〉よりは，実質的な中身にこだわる文化ではないかということである。ちなみに，牧野（1996: 34）は，「視覚型文化の特性」を次のように述べている。

(1) 日本のような文化のウチ志向性を補強するものとして視覚
　　性（より広くは感覚性）がある，ということです。デカル
　　ト的な知性中心の分析より感性中心のものの理解を重視し
　　ている文化型ではないか，ということです。今風のことば
　　で言えば，デジタル型の文化ではなくて，アナログ型の文
　　化だと言ってもいいと思います。
　　　ウチの空間は定義上，自分がそこにあるもの，そこにい
　　る人，動物を意のままに見て，触れて，嗅ぐことのできる
　　空間――つまり，共通感覚の空間――なのですから，視覚性，
　　感覚性と連係しているのは当然でしょう。

ここで述べられている「視覚型文化の特性」としての「感性中心の
ものの理解を重視している文化型」も，事態把握の仕方としての
「場面内視点」における「場」全体に対する「知覚と認識が融合した
認知」による認識から生じると考えられる。

　まず，いくつか，視覚が関わっていると思われる文化現象の例を
あげてみたい。例えば，日本語は，平がな，片かな，漢字，ローマ
字の4種類の文字を使用しているが，このことについて，牧野は，
日本人の視覚的な多様化への好みによるものとし，アメリカの新聞
よりも日本の新聞の方が小綺麗で，見た目にすっきりしていること
についても，視覚型文化の表れとしている（牧野 (1978: 103-104)）。[1]

　見た目への配慮という点に関連して言えば，絵本は普通の小説と
異なり，文字スペースにはかなりの余裕があるが，それでも，英語
版と日本語版を比較した場合，英語の絵本においては表面的な活字
のレイアウトにはそれほど関心を示していない場合が数多く見受け
られる。例えば，本書でもたびたび引用した，*The Fall of Freddie*

---

[1] また，文字との関連でいえば，玄関口で見かける表札も様々な字体があり，
欧米でのハウスナンバーと呼ばれる数字だけの住居表示とは異なって，日本文化
の〈視覚性〉の表れの例と言えるかもしれない（金野 (2018)）。

the Leaf と『葉っぱのフレディ』を比べても，日本語版のほうが，はるかに〈見え〉の配慮が行き届いたレイアウトと段落構成になっているのに対し，英語版がそのようになっていないのは，絵本についても，〈見え〉よりは，メッセージの伝達のほうに主眼が置かれているためと説明されるかもしれない。先の第6章で，英語版の映画ポスターには，日本版と比べて，画像とタイトルの調和に対する配慮がされていないことを述べたが，同じようなことが，絵本にも当てはまるのである。

また，料理のことを取り上げるならば，日本料理は，西洋料理や中華料理に比べれば，食器や盛り付け等の〈見え〉にこだわる面が多いと言える。このことに関連して，レストランなどで日常しばしば目にするサンプル食品が日本でしか見られないという指摘は興味深い（小笠原（2006: 70））。なぜなら，サンプル食品はあくまで視覚対象としてしか存在し得ないものだからである。[2]

日本の商品には包装の文化とでも呼ぶべきものがあるが，西洋文化においては，これに相当するものはないとされる（牧野（1978: 62-63））。このことについても，商品の実質的な中身もさることながら，表面的な〈見え〉へのこだわりが関わっているように思われる。また，芳賀（2004: 143-146）があげている「キメ細かさの美」等も，「知覚と認識が融合した認知」での「感覚体験」としての「知

---

[2] 有馬（2015: 62）は，連辞関係と連合関係から，「コース料理として供される料理の種類の「順序がかなり定まっている」西洋料理は英語の語順と相同的であり，和食のように同時に何種類もの料理が供されて自由に選択しながら食するという形式は，語順が比較的自由な日本語の語順と相同的な構造であるということができるだろう。」と述べているが，「コース料理」については，料理が個別に出されるところから「分析的」，和食については，料理全体が知覚体験として捉えるところから「体験的」とする特徴づけも可能かもしれない。

また，2003年に行われた調査によれば，食感を現す言葉は，「フランス語は約230語，中国語は約140語，ドイツ語や英語は約100語」で，一方，日本語には445語もあるとのことである（http://www.nikkeibp.co.jp/sj/2/column/fa/03/index1.html）。

第7章 事態把握のあり方と文化の関連性をめぐって　141

覚」の豊かさと関わりがあるとしてよいであろう。

7.2.2. 「視覚型文化」と行動様式

　このような,「場面内視点」から生じる〈見え〉へのこだわりは,日本人の行動様式にも影響を及ぼしているのではないだろうか。例えば,日本人が服を選ぶときの規準の一つに,自分の服装がどのように他人に見えるかということがあると言われている。しかし,欧米人は,各自が独自の規準で,思い思いの服装をしているのであり,どのように他人から見られるかについてはあまりこだわらない。さらに日本語には,視覚を頼りに人を見定める「一見学者風」「一見労務者風」といった表現もあるが,アメリカでは,外見で人を判断するのはむずかしいとされている (牧野 (1978: 102-103))。

　もちろん,〈見え〉による人の判断は,服装といった表面的なものに限られるのではない。日々の様々な行動ですらも,日本人は,とかく,周囲の目を気にしがちであるが,これも,広い意味での〈見え〉へのこだわりと捉えることが可能である。

　このような行動様式は,牧野 (1996: 35) が視覚型文化の特性としてあげている次の引用と重なり合うものである。

　(2)　ある (無) 生物 (人間を含む) がどう見えるか,どう感じられるかに,高度の注意を払う。特に,他人を判断する時に視覚的手掛かりを重視する。自分を判断するときも,他人の目を大変気にする。[3]

　次のベルク (1985: 236) の引用も,この牧野と同じ趣旨で理解することができよう。

　(3)　心理学者井上忠司氏はこの他人の視線の重要性をはっきり

---

[3] 牧野 (1996: 35) は,視覚型文化の特徴として,(2) を含めて全部で九つあげている。

指摘し，「見られること」が日本人の行動の深い動機の一つになっているのではないかと言う。哲学者坂部恵氏の仮面（「面」）についての研究も，同じテーマに関している。事実，まず，そして主として見えるのは顔（「面」もしくは「面子」）である。「面」は顔，仮面，表面，様子をすべて同時に意味する。「面子」は失ってはならない「体面」（＝正面）である。この体面＝正面は常に他人の視線にさらされている。

この引用文での，日本人が「見られることを気にする」ことについては，先の第1章で述べた，増田（2010）の「みんなの顔まで見る日本人」と，そのことを示した，「体験的把握」の図（6a）と重なり合う。また，第2章2.3節で見たように，日本語には，人の顔の〈見え〉に関わる，「顔」「面」「色」といった「体験名詞」があり，この多様な〈顔〉を表す言語表現と「見られることを気にする」ことは，どちらも，「視覚体験」の反映という点で共通していよう。

　この「視覚型文化」の概念をさらに広げて，「場」を同じくする人との人間関係をも「視覚」との関連で捉えることは十分理にかなっているように思われる。つまり，「視覚型文化」の概念は，日米の人間関係の違いや，「集団文化」と「個人文化」，あるいは，自己を表す固有の語がないこと（鈴木（1975））といったテーマにもつながっていると考えることは十分可能であると思われる（本章7.3.6節参照）。

　しかし，人間関係を論じるにおいては，人間関係と密接なつながりのある当事者間で交わされる会話の役割や，その時に話される言葉の特徴も見ておく必要がある。と言うのも，それぞれの文化において，会話の役割・言葉の特徴・人間関係の三つは，それぞれ，密接につながり合っていると考えられるからである。次節では，このことについて見てみたい。

7.3. 日本語のコミュニケーションと人間関係

7.3.1. 会話における「共同注意」

　まず，日本語の日常的な会話での話し手と聞き手のやりとりの特徴としてどのようなことが言えるだろうか。次の濱田（2016: 25-26）の例と解説を見てみよう。

> (4) (1)　きれいだね。　　　　　　　　　　　(It is beautiful.[4])
> 　　 (2)　A:　あの CD どうした？
> 　　 　　　B:　買っちゃったよ。　　　　　　　(I bought it.)
> 　　(1) が話し手と聞き手が共に美術館にいて同じ絵画を観ている状況だとすると，両者は直接インタラクションすることで対象を把握しており，話し手と聞き手の間で対象物に対する共同注意（joint attention）が成立しているので，日本語話者の場合には，それを言語化することなく理解することが可能です。（下線部筆者）
> ……
> これと同じことが過去の出来事を話題にしている (2) にも当てはまります。

ここでは，日本語会話の特徴として，〈見え〉の共有としての「視覚体験」から，「話し手と聞き手の間で共同注意が成立している対象物については言語化する必要がない」ことが述べられているが，この視覚体験の共有が，話し手と聞き手の人間関係の構築に貢献していることは確かであると思われる。ただ，「知覚体験」は「視覚

---

　[4] 濱田（2016）に，この対応英語表現は記されていない。
　また，〈見え〉の共有が成立している場合は，言語化の必要がないことについては，熊谷（2011: 38）も，「日本語では，話し手は三項関係の内側から，前方に見えているものを表すので，話し手と聞き手は省略されるのが基本となる。映像内部のものも注視が前提となれば省略されるようになる。」と述べている。

144

体験」に限られているのではなく，すでに本書の第4章の「「感覚・感情体験」・「共感体験」に関わる表現」で述べたように，視覚に誘発され，「イマ・ココ」の「一瞬の場」における表現者の感覚・感情・想いといった「情意」が現れる「感覚体験」の場合もあるのである。よって，「視覚体験」による「目的語の省略」の他に，「感覚体験」による「情意」のやり取りも，日本語会話の特徴としてあげることができると思われる。

7.3.2. 日本語表現の「情意性」

ここでは，会話で話される日本語表現の「情意性」について考えてみたい。

日本語表現の「情意性」について，大津（1993b: 226）は，「なぜ大和言葉は英訳できないか」との問いを発し，「それは，大和言葉は観念と余情の複合体だからである。観念の部分は翻訳可能だが，情感的な部分，つまり，私が余情と呼ぶものは，英語には翻訳しようがない」と述べている。しかし，ここで，あえて問題としたいのは，なぜ，大和言葉には，「余情」が感じられるのかということである。

この問いに大津は答えていないが，本書の見地からは，大和言葉は「場面内視点」の言語であり，濱田（2016）の言う「知覚と認識が融合した認知」によって生み出されるものであるので，第4章ですでに論じたように，「知覚」が主に「感覚」である場合は，当然のこととして，「余情」が感じられる表現になるということになる。[5] 第

---

[5] 濱田（2017）の「脳内現象」の観点からは，日本語に「余情」が感じられることについては，「日本語話者が知覚情報を脳内に取り込み，主に左脳で言語活動するために「見えているまま」を言語化する……」（濱田（2017: 59））ということが関わっていると思われる。すなわち，「「見えているまま」を言語化する」ということは，「感じているまま」を言語化するということでもある。「感じているまま」の言語化であれば，当然，そこに，話者の情意も含まれるということになろう。

第 7 章　事態把握のあり方と文化の関連性をめぐって　　145

4 章の 4.2.3 節でふれた「夕闇」や「星霜」といった語の余情性も，日本語の「体験的な事態把握」によるものなのである。

　日本語表現の「情意性」については，近年では，次の大石（2015:152）が興味深い。

　（5）　ギリシャ文明でも，科学や人間哲学に関する深い思想が生まれたが，わが国では，このような思想と言えるものはほとんど生まれなかったといっても言い過ぎではあるまい。……われわれは「考える」というよりは「感じて」来たというのが正解なのだ。

この大石の見解は正しいと思われるが，大石は，日本人が「考える」よりは「感じて」きた民である理由を，日本の「災害経験」とヨーロッパの「殺戮・虐殺の経験」（大石（2015: 151））の違いによるとの説を『国土が日本人の謎を解く』（大石（2015））で主張している。しかし，本書の観点からは，「知覚と認識が融合した認知」による「体験的」な日本語と「メタ認知」による「分析的」な英語の事態把握の違いが，「考える」ことと「感じる」ことの違いに関わってきたと考えたい。

7.3.3.　日本語コミュニケーションに対する井出（2006）と池上・守屋（2009）の見解

　7.3.1 節と 7.3.2 節で論じた，「共同注意」による「共通視覚体験」と「日本語表現の情意性」を考慮に入れた上で，日英語コミュニケーションの特徴について述べられている，井出（2006）と池上・守屋（2009）の考察を見てみよう。

　（6）　英語の会話の機能は情報の交換であり，日本語の会話は人

───────────

　また，熊倉（2011: 50）でも，「体験を経て自分の語彙となるやまとことばは，否応なしに「主観」性を帯びます」と述べられている。

と人との和を大事にすること，つまり会話の<u>人間関係をい
い感じで保つための「交感的機能」</u>(phatic communion) に
重点を置いているようにみえる。
　そもそも日本語と英語では話し手交替の頻度が異なり，
日本語のほうが，<u>2～3倍ある</u>ことはよく知られる。……
日本語の会話の特徴として，水谷 (1985) は，<u>二人で会話
を作り上げるという意味で「共話」</u>と呼んだが，日本語は
まさにこのようなことが起きやすい構造を持っている。

（井出 (2006: 215-216)）（下線部筆者）

(7)　日本語話者は聞き手を身近に意識し，聞き手をどう待遇す
　　　るか，聞き手と自分の関係づけをどのようにするかを一刻
　　　一刻意識して言語表現します。……コ系をはじめとする指
　　　示詞の多用はまさに〈見え〉の共有を志向し，また，日本
　　　語に豊かなオノマトペも臨場感あふれる具体的な〈見え〉
　　　（あるいは〈聞こえ〉）の共有を意図するものです。……こ
　　　のように多様な表現で自分と相手を関係づけ，絶えず情意
　　　のやり取りをしながら共同主観性を構築しようと努めるの
　　　が日本語的配慮の特徴といえます。

（池上・守屋 (2009: 168-169)）

井出にせよ，池上・守屋にせよ，日本語の対話における人間関係を
いい感じで保つための「交感的機能」や「情意のやり取り」につい
て述べているが，このことに，先で論じた「視覚体験の共有」や
「情意」に満ちた日本語表現それ自体が大いに関わり合っていること
とは明らかであると思われる。

7.3.4.　日本語コミュニケーションに対する西部と芳賀の見解

　上で引用した井出，池上・守屋の見解を念頭に置いた上で，さら
に，日本語コミュニケーションの実態についての，西部と芳賀のよ
り具体的な考察を見てみよう。

まずは，西部（1996: 25-26）の見解である。

(8)　広場にせよ酒場にせよ，職場にせよ家庭にせよ，日本人の
　　　群れ集うところに静寂があるというのではない。むしろ逆
　　　で，日本人の集団は，いつでもどこでも，騒がしいのだ。
　　　しかしそこに言葉は飛び交ってはいない。（中略）
　　　　いや正確には，言葉もたくさん吐かれてはいるのだが，
　　　耳を傾けてじっと聞いていると，それらはおおよそ感情吐
　　　露の道具としての言葉に過ぎないのだとわかる。……すべ
　　　てが感情の霧に包まれて曖昧模糊としている。

大石は，この西部の発言を受け，「それぞれの思いや感情の吐露は
あっても，筋道の立った論理が言葉にのることはない」（大石（2015:
173））としているが，これは「情意」に満ちた日本語でのやりとり
を考えれば，十分にうなずけることである。
　この西部の発言と次の芳賀（2013: 145）の引用は，ほぼ同じ内
容と考えられる。

(9)　戦後の日本人は「民主主義とは"話し合いだ"」と教え込ま
　　　れ，二言目には「話し合いましょう」と言います。しかし，
　　　話し合って何が解決したか，どう決着したか，多くの場合
　　　はウヤムヤですが，一向に平気です。欧米人が日本人の
　　　"ディベート"を評して，「みんなでいろんなことを言い合
　　　うが，時間をかけてもスタートとゴールで何事も変ってい
　　　ない。同じ所から一歩も動いていない」と言ったそうです。
　　　適評です。

この芳賀の引用も，「情意のやり取り」が，日本語のコミュニケー
ションの本質的側面であることを示す例と考えることができる。
「情意」に満ちた日本語は，理屈での説得にはふさわしくない言語

であると言わざるをえない。[6] とすれば，次節でふれる人間関係においても，共感的な人間関係の構築が予想されることになる。

7.3.5. 「集団文化」と「個人文化」

次の図 (山本 (2012: 19)) は，西洋社会と日本社会の構成のあり方を示したものであるが，ここで興味深く思えることは，この図の「社会構成のあり方」についての (10a) の「垂直型」と (10b) の「水平型」の違いは，先の第 1 章 1.3 節で論じた (6b) の分析的把握，(6a) の体験的把握の図とほぼ重なり合うということである。[7]

(10) a.　　　　　　　　　　　　　b.

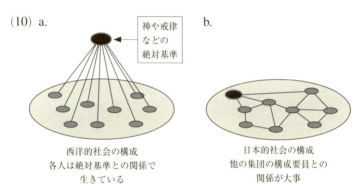

西洋的社会の構成　　　　　　　　日本的社会の構成
各人は絶対基準との関係で　　　　他の集団の構成要員との
生きている　　　　　　　　　　　関係が大事

---

[6] 芳賀 (2013) は，日本文化を「凹型文化」とし，それに対する西洋文化を「凸型文化」としているが，本書の観点からは，「凹型文化」とは，「個」はあくまで「全体」としての凹の一部として捉えられる「場面内視点」の文化であり，「凸型文化」は，「個」が凸として，それだけで独立したものとして捉えられる「場面外視点」の文化であるということになろう。とすると，凹型文化，凸型文化についても，それぞれ，第 1 章 3 節の (6a)，(6b) の図と重なることになる。さらに，この違いは，7.3.6 節でふれる，「つながりの自己観」と「アトム的自己観」の違いにも関わってこよう。

[7] (10a) の「絶対基準との関係」，(10b) の「集団の構成要員との関係」は，それぞれ，「神」，「周囲の人」との関係の強さからルース・ベネディクト (1946) の「罪の文化」と「恥の文化」を連想させるものであると言えよう。

第7章　事態把握のあり方と文化の関連性をめぐって　　149

（10b）の日本的社会の構成が，（10a）の西洋的社会の構成よりも，「他の集団の構成要員との関係が大事」[8]であることについては，さまざまな社会的な要因が関与していると考えられるが，このことと密接に関わっていると思われるのは，先の（4）の引用で示した，「話し手と聞き手の間で対象物に対する共同注意（joint attention）が成立している」（濱田（2016））という日本語の性質ではないだろうか。なぜなら，話し手と聞き手の両者が同じ対象を直接知覚することによって「共感」を形成し合うようになり，さらにこのことが人間関係を強めることにつながってくると考えられるからである。熊谷（2011: 129–130）は，「日本人は現場で相手と視点を共有しながら物事を捉える，ということを基本にして他者とやりとりをしている。そしてこのことは，日本人の人間関係全般に波及しているのではないだろうか。つまり，他者とこのような関係になってみないと，共通理解に達したと実感できない心の状態になっていると考えられるのである」と述べているが，ほぼ同じ趣旨の発言であると解

---

[8]「他の集団の構成要員との関係が大事」であるということは，周囲の空気に敏感であるということでもある。周囲の空気を読めない人については，KY（空気が読めない）という語があるが，このことについて，増田（2010: 93）は，次の（i）のように述べている。

(i) こうした発達段階でのコミュニケーションの結果を，最近の若者がKY という言葉を使って，周囲に対する気遣いのできない人物に低い評価を与えるという話と比べてみると，非常に面白いことがわかってくる。若者は，往々にして既成の慣習や伝統には興味を示さないと考えられがちであるが，こうした言葉が流行した事実を考えると，日本文化に普及している「周囲に注意を配る」という慣習に関しては，あたりまえのこととして受け入れ，まさに若者たち自身が，日本的な包括的なものの見え方をお互いに強化し合っているということに他ならないように思える。

また，「周囲の空気に敏感である」ということについては，日本における学問や大学の世界についてもあてはまるかもしれないが，このことについては，尾野（2008: 92）の注21 を参照されたい。

される。[9]

　この「事態把握」の違いに基づく人間関係の違いが,「集団文化」と「個人文化」の違いと何等かの関わりがあることは否定できないように思われる。

　次の写真 (Seward (1977)) は,典型的に「個人文化」(individual culture) と「集団文化」(group culture) を示しているものと考えられる。

(11) a. 　　b.

(11a) は海岸に一人で寝そべっている写真,(11b) は浜辺でスイカ割りをしている写真である。(11b) のほうに,明らかに日本人らしさを感じるとすれば,集団内における「共感」が感じられるためと思われるが,これはまさに,第1章1.4節の (7c) の「ともだち,ともだち,だれでも　ともだち …… みんなでそらみて,ヤッホー」に日本語の香りを感じたのが,「集団内の共感」であったのと同じ理由である。[10]

---

[9] 鈴木 (1975: 181-183) には,日本の中高生の「自分の心をすっかり打ちあけてとことんまで話のできる相手が誰もいない悩み」に対して,アメリカ人の学生から,「個人が本当に個人である部分は,他人に言えない部分であって,それを明すことは自分の存在を危険にさらすようなものだ。……」という反応が返ってきたというきわめて興味深いエピソードがのっている。氏は,「重大な問題を一人心にしまって,その重みにじっと耐えて行くという固く閉ざされた自我のしくみが,私たち日本人にはきわめて弱いのではないかと思われる」と述べているが,このような日本人の傾向には,相手との「共通知覚体験」を通して意思疎通をはかるという日本語の本質が関わっているようにも思われる。

[10] 牧野 (1978: 219) は,「仲間」という日本語について,「私は空間的な定義

第7章　事態把握のあり方と文化の関連性をめぐって　　151

　「構成要員との関係が大事」なことは，組織においては，「花見」や「忘年会」等の親睦のための行事があること，また，大学においても，「新入生宿泊研修」や「大学祭」といった集団での行事があることにつながっているようにも思われる。日本人は，世界の中でも有給休暇の消化率が最も低い国の一つとされているが，その原因としては，職場の同僚に迷惑をかけてはならないという意識がその一因として考えられるのではないだろうか。[11]

　決定のプロセスにおいても，組織の長が一人ですべて決めるのではなく，各メンバーが参加する会議を経るのが一般的である。つまり，「社員一人一人が，自分も問題に参加していると感じ，そのため集団的な一つの方向に向かって行動するのである」(ベルグ (1985: 253)) ということになる。これは，「他の集団の構成要員との関係」が大事なことから生じるものと考えられるが，やはり，この場合においても，根底にあるのは，会議の参加という「体験の共有」であり，「集団内の共感」である。よく，日本人は「我々日本人は，……」と言うのに対し，英語には，"We, Americans" という表現はないということが指摘されるが，このことについても，「知覚体験の共有」から生じる，組織の構成員とのつながりの強さということ

───────────────

として「同じ社会的空間を共有する人とその集合体をいう」という風に定義したい。「仲間」のような，基本に空間概念のある，一般的なことばが英語に欠けている事実は大変興味深い。」と述べているが，確かに，「仲間」は，「集団内の共感と連帯」が感じられる語であると言える。
　居酒屋やカラオケは，「仲間」との共感と連帯を形成する場所と言えるかもしれない。
　[11] 「有給休暇国際比較調査 2015」によると，日本の有給消化率は 60％と昨年同様韓国に次ぐワースト 2 位という結果である。また，「有給休暇を取得するのに罪悪感を感じますか？」という質問に対しては，18％の日本人が「はい」と回答し，「罪悪感を感じる国」第 1 位となっている。その理由としては「人手不足だから」という回答が一番多く，自分が休むことによる仕事の停滞や，同僚への迷惑を懸念しているようだと解説している (http://nlab.itmedia.co.jp/nl/articles/1512/14/news072.html)。

が，「我々日本人は」という表現を可能にしているように思われる。

　次の，映画「シンゴジラ」(2016) の映画批評[12] は，日本人の「集団」とアメリカ人の「個」の違いを指摘している点において，きわめて興味深いものがある。

(12)　序盤は有事発生を受けた官邸内のあわただしい動きを，ものすごいテンポで追いかける，ポリティカルサスペンスである。膨大な数の官僚，政治家が登場して，そのたびに人物の肩書と名前が明朝体のテロップで仰々しく表示される。覚えきれないのにわざわざ個人名まで出すこの高速テロップは，ようするに日本人の強さとは「個」ではない，という事を伝えているのである。これがアメリカ映画ならば，主人公が出てきて，強力なリーダーシップをふるい，オタク然とした IT 技術者が画期的なサイバー攻撃を仕掛ける，お定まりの展開になる。つまり「個」の能力によって事態を切り開くわけだ。ところが「シンゴジラ」は違う。主人公らしき人物も，個性的な技術者や学者も，彼らは決して「個」で活躍することはない。一人一人に名前はあるが，彼らは最後まで「集団」としてゴジラと対峙する。そんなわけでこの映画には，人間ドラマではなく人間「群」ドラマがあるとみるべきである。そしてそれは，まさに日本人の本質を言い当てている。[13]

---

[12] この引用は，映画ライターの前田有一氏によるもので，タイトルは，「ハリウッド版をすら凌駕する，これぞ 2016 年の日本にふさわしい新ゴジラ」である。なお，内容については短縮したものとなっている (http://movie.maeda-y.com/movie/02100.htm)。

[13] 2018 年平昌冬季オリンピックの 2 月 21 日に行われたスピードスケート女子団体追い抜き（パシュート）の決勝で，日本は強豪オランダを破って金メダルを獲得した。選手個人の能力に関しては，オランダ選手が 3 人とも今大会のメダリストであることからして日本選手をはるかに上回っていたが，このハンディを日本選手はチーム力で補った。オランダ選手の「個の力」に対し，日本選手は

第7章　事態把握のあり方と文化の関連性をめぐって　　153

ここで述べられていることも，「集団志向」の表れとみることができるが，この根底にも，「場の共有」からくる，集団としての「共感」があると言えよう。[14]

7.3.6.　日本語の自己を表す表現と「自己観」と「道徳観」

　日本語には，自己を示す固有の語がない，つまり，相手によって自分の言い方が変化してくるという，鈴木（1975）の指摘した事実があるが，このことも，先で述べた「視覚型文化」のコンテクストで捉えることが可能なように思われる。

　たとえば，鈴木（1975: 185）は，「妻と男の子一人，そしてまだ大学生の弟がいる，年齢四十歳の小学校先生 A」の事例について，少なくとも，次のように自己を表す 7 種の違った言い方があることを指摘している。

(13)　・「おとうさん」（自分の子に対して）
　　　・「にいさん」（弟に対して）
　　　・「おれ」（妻に対して）
　　　・「ぼく」（父，兄，同僚に対して）
　　　・「おじさん」（隣の子に対して）
　　　・「先生」（生徒に対して）
　　　・「私」（校長に対して）

鈴木は，このことに関し，「「自分は何者であるのか」ということが，

「チーム力」で戦ったのである。
　この金メダルは，(12) の「シンゴジラ」の映画評での「日本人の強さは「個」ではなく「集団」にある」が当てはまる例と言えるかもしれない。ちなみに，毎日新聞（Yahoo! ニュース）は，このニュースを，「〈五輪スケート〉チーム力の日本に金　圧倒的な「個」退ける」という見出しで伝えていた。
　[14] 大石（2015）においても，「日本人の強みは集団力」（大石（2015: 213））と述べられているが，逆の現象としての「「帰属を失ったときの」絶望的ともいえるわれわれ日本人の弱さ」（大石（2015: 135-136））についてもふれられている。

「相手は誰か」に依存する構造になっていると言える」(鈴木 (1975: 185)) としている。しかし，相手との関係づけが変わることによって，自己を表す言い方も変わってくる「現場依存の自己規定」は，まさに，「場」を共有するがために生じる現象であるとも考えられる。

　また，このような，相手によって自分が決まるという「現場依存の自己規定」は，当然，強い自己主張とは相容れないものとなり，「自己観」の違いにもつながってくる。大井 (2013: 37) は，日本の「自己観」を「つながりの自己感」，欧米の「自己観」を「アトム的自己感」と述べている (大石 (1985: 190))。

(14)　つまり，アメリカで何より重んじられるのは個人の自立です。そこでは，自己とは他者から切り離された独立した存在であり，他者は，自己の目的を達成するための二次的な存在に過ぎない。そこにうかがえるのは，いわば「アトム的自己観」です。(中略)
　　　一方，日本人は昔から，何より人と人とのつながりを重んじて生きてきたわけで，そこには「つながりの自己観」とも呼べる人間観がうかがえます。

この大井の見解を受け，大石 (2015: 191) は，「われわれは他者から切り離された個人としては立てない存在なのだと規定するしかない」としている。自己を表す固有の語がない日本人の「自己観」が，「つながりの自己観」につながることは自然であると考えられる。「つながりの自己観」とは，「個人」というモノは，あくまで組織や集団の「コト」の中の人間関係においてのみ存在するという点において，「コト的」人間関係とも言えるのに対し，「アトム的自己観」とは，個人という「モノ」は，あくまで「モノ」個人としてのみ存在し，「モノ」と「モノ」は，親子関係であれ，組織内での関係あれ，それぞれが独立した存在であるという点において，「モノ的」

第7章　事態把握のあり方と文化の関連性をめぐって　　155

人間関係であるとも言える。[15] このように考えるならば，第1章で論じた言語表現における「コト的」と「モノ的」の概念は，人間関係にも当てはまるということになる。[16]

　また，「自己観」の日米の違いは，次の施（2015: 172）の「道徳観」の違いとも重なり合ってくると思われる。「人と人とのつながり」を重んじることは，必然的に相手を思いやることにつながってくるからである。

(15)　日本の家庭や学校では，半ば無意識に「思いやり」「気配り」「譲り合い」のできる子どもの育成に重点が置かれている。対照的に英語圏の道徳は，自己主張を重視し，必然的にぶつかり合う個々人の利害や欲求を「公平さ」という規範に照らして事後的に調整するというものであり，やはり，家庭や学校でもこうした道徳観の育成が求められている。[17]

　　　　　　　　　　　　　

[15] 藤田（2009: 29）は，『なぜ英語のネイティブは，見知らぬ人にあいさつをするのか？』という問いに対して，「互いに危険な人物ではないことを知らせあう」ためとしている。しかし，たとえそうであるにしても，この日本人と欧米人の違いにも，「コト的人間関係」と「モノ的人間関係」の違いが関わっていると考えられる。つまり，英語話者の人間関係が，「モノ的」であるとすれば，自分以外の人は，顔見知りであろうとなかろうと，同じような扱いをすることになるのに対し，日本語話者の人間関係が，「コト的」であるとすれば，「コト」の内部での人間関係に応じて，接し方にも違いがでてくるということになろう。

[16] 第1章注6では，日本語の「コト的世界観」・英語の「モノ的世界観」には，「脳内現象」の裏付けがあるということを述べたが，もしそうであるとすれば，「コト的」な人間関係と「モノ的」な人間関係にも，日本人と欧米人の「脳内現象」の違いが関わっているということになる。

[17] 次の（i）の増田（2010: 95）の引用は，日本社会での「つながりの自己観」とは，対立する自己観であると思われる。

　(i)　しかし，（カナダにおいては），日本に比べて，周りのことや状況に気遣いせずに，思ったことを述べ，好きなことをするほうが，社会的にも望ましいという感覚が強いことも確かである。そして，そこでは一番重要なことだけを単純明快にいい，周辺情報についてはあえて無視するというコミュニケーションのあり方が普及している。

「思いやり」「気配り」「譲り合い」といった概念も，「知覚と認識が融合した認知」から生じる，相手に対する「共感」の概念が根底にあると思われる。いずれにせよ，日本語の事態把握における共通した「知覚体験」が，「集団志向」に何らかの点で関わっていることは否定できないように思われる。

　次の引用は英語の絵本からのものであるが，下線部の箇所は英語版にはなく日本語版で新たに付け加えられたもので，「つながりの自己観」に通じるものがあると言えるかもしれない。引用部分は，「しましま」(the little striped fish) という魚が，ギザギザ (the fish with the jagged fins) という魚によって仲間はずれにされていたが，突然のサメの来襲に，ギザギザを含めて，さかなたち全員が一致団結して立ち向かい，サメを追いやった場面である。

(16)　They soon saw the shark. And there was the little striped fish, swimming and spinning away from his jaws.
　　　……
　　　The shark almost got the fish with the jagged fins, but he escaped with just a few scratches.

　　　　　　　　　　　　　　(M. Pfister, *Rainbow Fish to the Rescue!*: p. 20)

　　　すぐに　さめが　みえた。かわいそうに　しましまは，さめの　くちから　のがれようと，ひっしで　およいで　いた。
　　　……
　　　ぎざぎざは　いさましく　たたかった。もう　ちょっとでやられる　ところだったが，かすりきずで，すんだ。ぎざぎざは　じぶんなりの　やりかたで，なかまはずれに　したことを，しましまに　あやまったのだ。

　　こうした文化のもとで，親，教育者，そして友人に囲まれていれば，子供たちが，ある場面で一番目立ったものだけに着目し，周囲にはあまり関心を払わないというものの見え方のパターンを身につけていったとしても，決して不思議なことではない。

第 7 章 事態把握のあり方と文化の関連性をめぐって　　157

（『にじいろの　さかな　しましまを　たすける！』: p. 20）

下線部の箇所では，「なかま」というつながりの人間関係を示す語が用いられているが，この箇所は，第 1 章の例文（7c）の「ともだち　ともだち……」の共感に通じるものがあるとも言えよう。

7.4. 「プロセス志向」と文化

7.4.1. 「プロセス志向」・「結果志向」と文化の関連性

　本書ですでに数回引用した次の例文は，日本語原文のプロセス表現が，いわば，典型的に，英語では結果表現に訳されている例である。

（17）　ゆうだちのように，おゆがふってきた。みると，くじらだ。かばのからだについていたあわが，<u>どんどんきえて　ながれていく</u>。　　　　　　　　（松岡享子『おふろだいすき』: p. 26）
When we turned around, there was a whale!　Thanks to his shower all the bubbles on the hippopotamus' body and mine <u>were gone in no time</u>.

　　　　　（*I Love to Take a Bath*: p. 26）（＝第 2 章（14），第 5 章（2））

「視点」が「場面内」にある日本語においては，「どんどんきえてながれていく」という，現場で進行している一瞬一瞬の「見え」のプロセスの「視覚体験」に焦点が置かれた表現となっているのに対し，「視点」が「場面外」にある英語の対応表現は，「見え」への体験がないため，プロセスが捨象され，結果に焦点が当てられた表現となっている。

　このような日本語表現における，「場における今」にこだわる「プロセス志向」と，「場」のない英語の「結果志向」は，様々な点で日本人とアメリカ人の行動様式の違いにも反映されているのではないだろうか。

たとえば，野球において，「日本が区切りの数字にこだわり，アメリカは記録と人にこだわる」との指摘は興味深い。[18] 具体的には，この引用は，日本では 2000 本安打という区切りの数字が話題とされるのに対し，アメリカではほとんど話題とされず，アメリカで話題とされるのはメジャー記録の場合だけであるということを述べたものである。プロセス志向と結果志向の観点から言えば，2000 本安打といった区切りの数字は，あくまで，通過点としての〈今〉のプロセスにこだわったものであるのに対し，メジャー記録は，新記録という「結果」にこだわったものとも言えよう。

　また，牧野（1978: 22-23）の指摘する，運転免許を取るプロセスの違いも興味深い。日本では，自動車教習所の箱庭的自動車道路で練習するのに対し，アメリカでは，いきなり仮免が発行されて外に出て実地で学ぶとしているが，このことにも，プロセス型と結果型の違いが関わっていると言えるかもしれない。この免許の取り方について，牧野はさらに，「最終的には，日米どちらも本物の道路を走るのだが，アメリカでは非常に早い時点で現実に運転しているという自覚を生ませる。……一方，日本の場合は徐々に遊園地の車から町を走る車に変わっていくような感じなので，そこになにか自然の推移がある。」と付け加えている。

　荒木（1985: 138-139）には，「列車内のアナウンスに当たってまず，「ピンポンパン」というチャイムを入れ，アナウンスが終わるとまた同じような「ピンポンパン」が入る」事例や，「NHK がニュースの前に流す時計の針の動く場面や，番組に先がけて流される導入部分，あるいは番組の終わりに挿入される終章の場面なども，「こと」に当たっての日本人の特別な態度を見事に投影してい

---

[18] 『週刊文春』（平成 23 年 5 月 19 日号）鷲田康「野球の言葉学」(p. 123)。この記事は，2011 年 5 月 5 日の阪神戦で 2000 本安打を達成した巨人の小笠原選手について，中日の落合監督が，「たかが二千本打っただけだろ」とコメントしたことを取り上げたものである。

るといえるのである。……こういった番組の組み立て方はおそらく日本独自のものである。欧米の場合……番組はぶっきら棒に, ドライに始まり, 終わり, そして次のものへと移ってゆく」等の事例の紹介がある。荒木は, これらのことを「「こと」的世界と日本人」の観点から論じているが, 「プロセス志向」は, 「場面志向」とも言えるので, おのずと, 「場面」から「場面」への, 時の流れに沿った, 「平面的」で「連続的」なスムーズな移行が好まれるということになり, ここでの荒木の引用は, そのような観点から捉えることも可能である。

しかし, ややもすれば, 「場面内視点」のプロセス型は, 平面的なために視野が狭く, 大局的な視点が取りにくいという可能性も否定できないと思われる。[19]

7.4.2. 「プロセス志向」と「道」―日本人はなぜ, 「天才型」よりも「努力型」を好むのか―

日本文化における「プロセス志向」において, その象徴と言えるものが「道」である。というのも, 「道」は, 「歩く」というプロセスがどこまでも続く, 「終わりのない道」(金谷 (2004: 46)) で, 「道」それ自体が, 「プロセス」そのものでもあるとも言えるからである。

日本語には, 「茶道」「華道」「剣道」「柔道」「書道」……と「道」がつく表現が多くあり, また, 「道」のイメージを表したものとしては, 「道」(東山魁夷, 1950) が有名である。

---

[19] 荒木 (1994: 99) には, 第二次世界大戦における日本軍について, 「日本軍は四年間も戦闘を経験していながら, その戦術は初めから終わりまで少しも変化がなかった。負けて負けて負け通しても, やはり負けた戦法でしかやってこないということであった。」との記述がある。

(18)

「道」(東山魁夷, 1950)

このことからしても,「道」の哲学が日本人に好まれるものであることは明らかである。[20] しかし, この「道」の概念が好まれることについても, 少なからず, 日本語の「知覚体験的」な事態把握が関わっているようにも考えられる。すなわち, 目標に向かって, どこ

---

[20] ザ・ブロード・サイド・フォーの『若者たち』(1966) の歌詞にある「君の行く道ははてしなく遠い, 君の行く道は希望へと続く」(藤田敏雄作詞) の「はてしなく続く道」のイメージには,「一瞬の今」の更新を絶えず体験していく, 日本人の「プロセス体験志向」へのこだわりがよく表われていると言えるかもしれない。

「道」の「プロセス体験志向」と関わりがあるかもしれないと思えるのが, 多々良 (2009: 415-417) で述べられている, スポーツ報道記事の「終結部」における日米の違いである。一般的に,「終結部」はアメリカの新聞では「ない」が, 日本の新聞では「ある」とし,「必ず打線も奮起する。きっと, 投打の歯車が再びかみ合ってくる」といった,「次へのつながり」に関連づけられた記者の感想等が述べられるとしている。多々良は, このことを,「英語では試合を完結した有界的なものとして捉える一方で, 日本語では無界的に捉えている」と結論づけている。確かに, そのような見方も十分可能であると思われるが,「必ず打線も奮起する。……」等の感想には, 次の勝利に向けて, 1歩1歩進み努力する「体験」への「共感」という,「道」の「プロセス体験志向」も関わっているとも考えられる。また, プロセス指向は,「君の行く道は希望へと続く」が示すように未来志向でもあり連続志向でもある。このことは, 6章の注14でふれた,「明日」のつく邦題が多いことと関連あるようにも思われる。ちなみに池上 (2009: 432) は,「(目的達成よりは) 絶え間なくなされ続けられる努力の〈過程〉の方にこそ真の価値があるというわけである。」としている。

第7章　事態把握のあり方と文化の関連性をめぐって　　161

までも続く「道」を「一歩一歩進む体験」に，観ている者が「共感」
を抱くということが，「道」が好まれる大きな要因になっているの
ではないだろうか。また，「道」は続くものであり，このことが，
第5章5.2.1節で指摘した，「続く」の語の多用と関わり合ってい
ることも指摘しておいてよいであろう。[21]

　「お疲れ様です」「ご苦労さま」「がんばって下さい」という挨拶
も，努力をしている人への共感が，根底にあると考えられる。日本
社会では，努力の行為が高く評価されるとすれば，日本人が，「天
才型」よりは「努力型」のほうを好むことも理解できる。[22]「努力型」

---

[21] 濱田（2018: 523）には，「左脳は非有界的認知処理であり，右脳は有界的処
理である」，「「見え」の中にある知覚情報を詳細に処理するのは左脳の機能であ
り，右脳は全体を処理する」との記述があるが，この見解に従えば，「知覚を左
脳で処理する」日本語は，認知対象をおのずと非有界的に，つまり，瞬間的に，
プロセス的に処理するということになる。とすれば，日本人が「道」の哲学を好
むことにも，「脳内現象」が関わっているということになる。また，第5章で論
じた「続く」や「～かかる／かける」「～ようとする」「～そうだ」といった事象
の瞬間を表す語の多用や，本章の（19）で述べる，カメラ，俳句を愛好すること
等の文化現象も，「左脳」の「非有界的認知処理」のあり方が関わっていることに
なる。先の注20で述べた，『若者たち』のような「無界的」な歌が愛好されるこ
とについても同じ説明が可能となる。一方，「知覚対象を右脳で処理する」英語
は，右脳は有界的に全体を処理することからくる必然的な帰結として，結果志向に
つながることになる。つまり，日本語と日本人の行動様式としての「プロセス志
向」，英語と欧米人の行動様式としての「結果志向」は，どちらも，「脳内現象」
からの必然的な帰結によるものであると言うことも可能となろう。

[22] Pinnington, A. J. (1986) *Inside Out*（『裏返し―英語教育と日本文化』三修
社）には，スポーツにおける日英の大きな違いとして，"A deeper difference is
perhaps that we put much more emphasis upon natural talent and much less
emphasis upon learning than in Japan. (p. 20)" との記述があり，英国では才能
が重視されるのに対し，日本では，努力のほうが重要視されるとしている。ま
た，日本のテレビドラマでは，学園ドラマであれ，刑事ドラマであれ，主人公が
やたらと走る等の活動 "display of physical effort" (p. 42)（肉体的な努力の跡
を明らかにすること）が必ずあることや，サラリーマンが遅くまで会社に残って
仕事をすること等も含め，これらのことを，"Visible Sincerity" (p. 47)「目に見

162

に対しては「努力するプロセス」への「共感体験」があるのであるが，天才型に対しては，能力が天性のものであるがゆえに，「努力するプロセス」はそもそも存在せず，よって，天才に対する「共感体験」はあり得ないということになる。

7.4.3. 「プロセス志向」としての「時の流れ」
7.4.3.1. 「時の流れ」における「瞬間」へのこだわり

「時の流れ」は永遠に続く，無界的なものであるが，その一瞬を「プロセス」として捉えることは可能である。

板坂（1971: 181）は，日本人が「イマ」という「瞬間を愛する」ことにふれ，次のリースマンを引用している。

(19)　日本からはじめてアメリカを訪問した幕末の使節たちは毎日日記をつけていた。そしてかれらは，その日その日に目に触れるものすべてをスケッチした。キリスト教の伝統のなかでは，永遠こそが大事であって，瞬間というのはそれほど重大な意味をもたない。しかし，<u>日本では瞬間というものがもつ意味は大きい</u>。日本でスナップ写真がさかんなのはそのことと関係している。日本人がカメラ好きというよりも，<u>そのような瞬間への価値のおき方が，日本人の写真好きを説明してくれるのではないだろうか</u>。<u>スナップ写真というのは，その対象が一本の木であろうと何であろうと，その存在の瞬間を詩的に描き出す，目でみる俳句なのである</u>。　　（リースマン夫妻『日本日記』260 頁）（下線部筆者）

「そのような瞬間への価値のおき方が，日本人の写真好きを説明してくれる」とのことであるが，このことについては，日本語の「プロセス志向」が事象の瞬間を把握できるからこそ，「瞬間への価値

────────────

えるまじめさ」と特徴づけている。このようなことも，日本文化における視覚性や，プロセス志向性の表われと考えられよう。

のおき方」が可能となるのであるとの重要な但し書きが必要である。すなわち，一瞬の今を捉える「カメラ」や「俳句」を愛好するという文化現象と，第1章（2a）の「燃ヤシタケレド，燃エナカッタ」，第5章5.2.2節で扱った「ている」，5.3節で扱った「〜かかる／かける」「〜ようとする」「〜そうだ」「〜ところ」といった「場」における「一瞬の今」を捉えることのできる多様な表現がある言語現象は，日本語の瞬間的な事態把握という点において関連し合っている現象なのである。[23] 徒然草にある「世はさだめなきこそいみじけれ」の美意識（芳賀（2004: 153））も，「一瞬の今」を知覚体験できる言語であってこそはじめて可能となるように思われる。「場」のない「英語」には，「場」での「一瞬の今」も存在しないため，「一瞬の今」を捉える「俳句」といった文学形式は誕生し得なかったということなのかもしれない。[24]

　総じて，日本人は，「時間」については，交通機関等も含めて，punctual であると言われているが，それは，「時間」を単に概念的・抽象的な認識として捉えるのではなく，一刻一刻の過ぎ行く時を「感覚体験」として捉えているということもひょっとして関わっているのかもしれない。ちなみに，「今」という語は洋画の邦題によく用いられる語であるが，このことにも，「今」に対する感覚体験

---

[23] このことと，濱田（2018）との関連については先の注21を参照されたい。葛飾北斎の「富嶽三十六景」の中で最も有名な，遠景に見える富士山と波が押し寄せる瞬間を捉えた「神奈川沖浪裏」の構図は，日本語が事象の一瞬を捉えることのできる「体験的把握」の言語であるということも関わっているのかもしれない。ちなみに，北斎のこの絵は，『国土が日本人の謎を解く』（大石（2015））の表紙に用いられている。

[24] 大津（1993b: 228）も，「英語圏でも英語で俳句を作る動きが広がっているというニュースがときどき伝えられるが，それはやはり英語の特質に反する試みのような気がする。英語による短い圧縮された表現は，結局，警句，名言の類いのものにしかならないのではあるまいか。知的洞察によって読者を魅了することはあっても，感情的に刺激する詩的表現にはなれないように思う。」と述べている。

164

が表れているとは言えそうである。[25] ベルク（1985: 177）は，「「その場その場」（その場所でその場所を）にいる，それこそまさに生きるということだ」と述べているが，他国よりも，日本において，この感覚がより感じられるとすれば，それは，「場」での，日本語の「知覚と認識が融合した認知」による事態把握が少なからず関わっているためなのかもしれない。

7.4.3.2. 「時の流れ」としての「数の流れ」

日本語表現においては，よく，1，2，3 という数字の流れが見られるが，これは，一刻一刻の「平面的」で「連続的」な「時の流れ」のプロセス体験が，「数の流れ」として表れた例と考えることができよう。

次の英語原文と日本語訳を比べてみよう。

(20) and in and out of weeks
      and almost over a year
      to where the wild things are.[26]

---

[25] 「今」が使われている映画タイトルとしては，*No Time to Die* (1958)『今は死ぬ時ではない』，*Cosi' Come Sei* (1978)『今のままでいて』，*As Tears Go By* (1986)『いますぐ抱きしめたい』，*Cousins* (1989)『今ひとたび』，*Dead Poets Society* (1989)『いまを生きる』，*Clear and Present Danger* (1994)『今そこにある危機』等がある。このことについては，先の第 6 章の注 14 でふれた「明日」のついた，邦題を参照されたい。「今」も「明日」も，「時」に関わる語であるということは指摘してよいであろう。

また，日本人が「今」という語を好むことについては，「いつ買うか？今でしょ！」が，2013 年「新語・流行語大賞」に選ばれたことにも表れているかもしれない。

[26] ちなみに，この箇所は，少年マックスが船に乗って「かいじゅうたちのいるところ」に行く場面である。やがてマックスは家が恋しくなり，船に乗って家に帰ることになるのだが，その箇所の英文は次の (i) のようになっている。

(i) and sailed back over a year
     and in and out of weeks

第7章　事態把握のあり方と文化の関連性をめぐって　　165

(M. Sendak, *Where the Wild Things Are*: p. 16)

1しゅうかん　すぎ，2しゅうかん　すぎ，
ひとつき　ふたつき　ひが　たって，
1ねんと　1にち　こうかいすると，
かいじゅうたちの　いるところ。

(『かいじゅうたちのいるところ』: p. 16)

英語原文においては，「時」を表す語句は，「場面外視点」から，最初の 'week' と最後の 'year' しか表されていないが，日本語訳では，「場面内視点」から，「1しゅうかん　2しゅうかん　ひとつき　ふたつき　1ねんと　1にち」と，「しゅう」「つき」「ねん」と時の流れのプロセスが表現されていると言える。いわば，〈数字の流れ〉の連続的なプロセスそれ自体が，体験される〈時の流れ〉の雰囲気を醸し出しているのである。

　〈数の流れ〉へのこだわりは，たとえば，映画のシリーズ物にお

---

and through a day　　(M. Sendak, *Where the Wild Things Are*: p. 34)
ここで，注目すべきは，行きの場面の英文 (20) においては，weeks, a year と時を表す表現の単位が小さなものから大きなものの順になっているのに，帰りの場面では，a year, weeks, a day と大きなものから小さなものの順に変わっているということである。これは，英語が「場面外視点」でストリー全体を見渡すことができることから，あえて帰りの場面では，行きと逆の表現が用いられたと考えられる。しかし，この箇所の日本語訳は次の (ii) のようになっている。

(ii)　1しゅうかん　すぎ，2しゅうかん　すぎ，
　　　ひとつき　ふたつき　ひが　たって，
　　　1ねんと　1にち　こうかいすると，

(『かいじゅうたちのいるところ』: p. 34)

つまり，(20) の行きの場面の日本語と同じなのである。これは，「場面内視点」の日本語では，英語のようにストリー全体を見渡す視点がなく，場面の一瞬一瞬が新たな体験であるため，行きと帰りで同じ表現になったと考えられるが，この日本語訳は見事に日本語の本質を捉えていると言わねばならないだろう。

　なお，この「全体を見渡せる視点」については，第3章3.7節の例文 (56)，(57) の日本語表現と英語表現も比較されたい。

ける，シリーズ第何作といった邦題のタイトルにも表れているように思われる。たとえば，1970 ～ 1980 年代にかけて製作されたクリント・イーストウッド主演の『ダーティハリー』シリーズでは，邦題ではすべて『ダーティハリー 2』『ダーティハリー 3』のように，「ダーティハリー」に数字が付けられたものとなっていた。シリーズ物としての同じタイトルの使用の利点は，映画の同じ雰囲気が「感覚的」に伝えられ，かつ，映画の内容の連続性を示し得ることにある。これは，「感覚」体験を重んじる日本語であればこその現象であるとも言える。一方，『ダーティハリー』シリーズのオリジナルタイトルは，第 1 作を除いては，"Dirty Harry" の名がなく，毎回別個のオリジナルタイトルがつけられていた。シリーズものの〈数字の流れ〉よりは，いわば，個々の映画の独立性が主張されているとも言えようか。この現象には，「場面内視点」においては，「場」は連続するためにシリーズものとなりやすいが，「場面外視点」においては，そもそも，「場」そのものが存在しないため，シリーズものとはなりにくいということも関わっているのかもしれない。先に，「プロセス表現」としての「続く」がよく用いられることを論じたが，このことと，映画がシリーズ物として「続く」ことは重なり合う現象と言えよう。

　映画のタイトルにおける〈数字の流れ〉について，もう一つ例をあげておくならば，これまた，シリーズものの映画である "007" の呼び方についても，日本人は，一方方向的に，平面的・連続的に「ゼロゼロセブン」と読むが，英語では，「ダブルオーセブン」と読む。この英語の「ダブルオー」の読み方は，ゼロが二つあるという事実を先取りした立体的な読み方であるが，これは，英語が「場面外視点」の「分析的把握」な言語であるがゆえに可能となる読み方である。

7.5. 「コトの感覚体験」と「未練」

　「転がる石は苔がつかない」/"A rolling stone gathers no moss." ということわざがあるが，欧米では，「苔」("moss") はマイナスのイメージと結びついているのに対し，日本では，「苔」は評価すべきもの，つまり，動かないことはプラスのイメージとして捉えられている。また，一般的に，日本人は，領土であれ，職場であれ，住居であれ，人間関係であれ，移住や移動や変化を好まない国民であるということが言われてきた。[27] ベルク（1985: 106）は，日本社会の「郷土執着性」についてふれているが，「帰省」は日本の代表的な風物詩の一つとも言えるものである。

　このような日本人の国民性と日本語は，はたして，何らかの関連があるのかということであるが，ここにおいても，日本語の事態把握のあり方が少なからず関わっている可能性があるとするのが本書の見解である。すなわち，「場面内視点」の日本語であれば，常に「場」に体験的に密着しているために，「場」に愛着を感じるようになるということは自然な現象であるとは言えないだろうか。一方，「場面外視点」の英語においては，そもそも，愛着を感じるはずの「場」もなく，そのため，移動や変化には，それほどの躊躇を感じなくなると考えることも可能かもしれない。

　しかし，その一方で，日本人は，「新しいもの好き」という性質も持っているように思える。このことについて，荒木が，次のように述べている。

(21)　日本人はこのようにたえず生起変転してゆく「こと」の世界にきわめて敏感に反応する民族であり，そしてかく変転

---

[27] 牧野（1978）の第 4 章「文法規則と空間」では，日本人の「移動のなさ」について興味深い議論が展開されているが，文法規則であれ社会的空間であれ，そこには，「場面内視点」と「場面外視点」という「場」の存在が関わっていると考えることも可能であるように思われる。

してゆく「こと」に対して，そのあり様に応じつつさまざ
まな反応の仕方を示してきた。　　　　　　　　（荒木 (1985: 125)）

「コト的世界に過敏に反応する心的態度」が「「○○○○新発売！」
「△△△新登場」を，繰り返し繰り返し流している（荒木 1985:
141)」とは，確かにうなずけることであるが，この場合において
も，「コト的世界に過敏に反応する」とは，「コト的把握対象」を
「知覚・感覚」で把握するということが関わっていると思われる。
「変化を好まない」傾向と「新しいものを好む」傾向は，一見，矛盾
するようにも思えるが，それは，知覚体験の対象が異なることによ
るものと考えられる。「新しいものを好む」ことについては，いわ
ば，「新発売」からわかるように，商品等の物品であるのに対し，
「変化を好まない対象」は，いわば，日々の生活の一部となってい
るものが考えられよう。

　さらに，荒木 (1985: 136) は，「コト」について次のようにも述
べている。

(22)　日本人が古代から現代に至るまで，その別れに際して常に
　　　一貫して，「さらば」をはじめとする，「そうであるならば」
　　　という意のいい方を使ってきたのは，日本人がいかに古い
　　　「こと」から新しい「こと」に移ってゆく場合に，必ず一旦
　　　立ち止まり，古い「こと」と訣別しながら，新しい「こと」
　　　に立ち向かう強い傾向を保持してきたかの証拠である。

荒木は，「古い「こと」と訣別しながら」と述べているが，「古い「こ
と」」の中には「訣別しがたい」内容のものがあり，その時の心理状
態が，牧野 (1978) で論じられている「未練」であると考えられな
いだろうか。つまり，「イマ・ココの場」での「知覚」によって感覚
体験的に，愛着を抱いたものからの離れ難い感覚が，「未練」なの
ではないだろうかということである。また，すでに第 2 章 2.4 節の
例文 (69)-(74) の「後ろ姿」で論じたように，人に対しては，特

第7章 事態把握のあり方と文化の関連性をめぐって 169

に、「後ろ姿」に未練を感じると思われるが、英語には「後ろ姿」に対応する表現はない。ここには、「場面外視点」に起因する、「場」がない英語の事態把握のあり方が関わっていると考えられる。つまり、「未練」には「場」の存在が関わっているのであり、「場」のある日本語には存在するが、「場」のない英語には、存在しない概念であるということになる。[28]

牧野（1980: 238）は、日本人のカメラ好きの理由の一つとして、「未練という過去と共感する心理」をあげているが、大衆文化である歌謡界に、「演歌」というジャンルが存在し、「未練」はその中での大きなテーマであるということは、「未練」が日本人にとってなじみのある概念あることを示していよう。[29]

また、牧野は、「未練」の例として、日記をつける習慣がアメリカ人よりは日本人に多いこと（牧野（1980: 231））や、日本人が個人の蔵書を大事にすること（牧野（1980: 242））等をあげている。

さらに、牧野（1978, 1996）には、次のような指摘もある。

(23) 全く新しい理論が日本から出て来ないのは日本人の能力の問題ではなく、むしろ古い理論—それも大半は借り物の理論—に未練がましくしがみつく文化的傾向によるのではなかろうか。
(牧野（1978: 232））

(24) 未知の世界はソトの世界であって、定義上、そこへ行き着くまでは感覚で捉えることはできません。どちらかと言う

---

[28] 牧野（1978: 229）には、「アメリカ人はクリスチャンであろうとなかろうと、このような未練拒否の文化圏に住んでいるのである」との記述がある。

[29] ちなみに、未練を表す「後ろ姿」の語は、演歌調の歌詞のみならず、ニューミュージック系の歌詞にもよく用いられている。前者の例として、「白いほほえみも　うしろすがたも　遠い夢の中　あなたはいない」（片桐和子作詞）の『旅愁』（1974）、後者の例として、「ラッシュの人波にのまれて　消えてゆく　後ろ姿が　やけに哀しく　心に残る」（竹内まりや作詞）の『駅』（1987）をあげておきたい。

と，ウチの中で危機感なく，過ごしたいと思う日本人は，なかなかフロンティア・スピリットを抱いて，本当の新開地に乗り出せません。……

日本の文化のように take a chance しにくい文化を仮に「既知志向」の文化型と呼ぶならば，take a chance しやすい文化型を「未知志向」の文化型と呼べるでしょう。

(牧野（1996: 46））

もし，牧野の言うように，「古い理論に未練がましくつく傾向」や「フロンティア・スピリットを抱いて，本当の新開地に乗り出せない」ことが日本人にとって事実だとするならば，そこにも，日本語が「場面内視点」の言語であることから生じる「場」への愛着と安住が，少なからず，関わっているという可能性も否定できないようにも思われる。

また，熊谷（2011: 97-98）の次の記述も，ここでの「未練」の文脈で捉えることは可能であろう。

(25) 韓国語は文法的には日本語と瓜二つの言語なのだが，「あの時」に関しては，過去についても使えない。日本語の「あの時」の位置に「その時」が入ってしまうのである。……しかし，日本語には，「あの人はいま？」とか「あの頃に戻りたい」など，昔を懐かしむことばがあふれている。そのような意味では，日本語は過去への共感性を求める程度が特に強い言語なのかもしれない。

この熊谷の言う「過去への共感性」は，現場での過ぎ行く一瞬一瞬を「知覚体験的」に把握することから生じる「未練」とも考えられる。

「未練」は，文学的には「余情」につながると考えられる。牧野（1996: 68）は次の（26）の例に対して，「中村（1991）は，次のような小説の終わりの部分を引用して，余情感は「なにかが終結した

第7章　事態把握のあり方と文化の関連性をめぐって　　171

という意識を前提とする心理的な残像であるとするなら，過去形の
文末がその土壌になりやすい」とし，最後の過去進行形が読者に余
情感を感じさせると言っています。」と述べている。

(26)　私は暗い人気のない通りに雨の降りしきるのを見つめなが
　　　　ら考えつづけた。おそらく私たちは明日午後の列車で町を
　　　　たつだろう。何一つ未練なく……。そして五年後にはジュ
　　　　セッペのことも忘れるだろう。おそらくこの小さい事件の
　　　　ことも……。にもかかわらず私はこの町にとどまりたい激
　　　　しい衝動を感じた。これは一瞬ふれあい，また永遠に離れ
　　　　て行ってしまう何かである気がした。「シラクサの潜主ディ
　　　　オニュシオスは……。」私は思わずそうつぶやき，街灯の光
　　　　のなかにしぶく雨脚を，ながいこと見つめていた。

（辻邦生『旅の終り』）（下線部筆者）

ここでは，確かに，「…ていた」が，「余情感」を引き起こしている
と思われるが，「ていた」は，訣別しがたい「コト」的事象への感覚
体験的把握とも考えられ，「未練」につながるものと思われる。「て
いる」が日本語で多用されることについては，先の第5章の5.2.2
節でふれたが，心に留めておきたい一瞬の事象であればこそ，事象
の観察・確認行為を表す「ている」が用いられることになるとも言
えよう。
　次の (27) の「ていた」も「余情感」を引き起こしている例と考
えてよいかもしれない。

(27)　おかの　うえの　ふたつの　かげが
　　　　ひとつに　つながって，
　　　　どこまでも　のびていた。

（きむらゆういち『あるはれたひに』: p. 48）

In the light of the evening sun, the shadows cast by the
two animals on the grass joined to form one long shadow

that stretched for a long way over the hillside.

(*One Sunny Day* ...: p. 48)

7.6. 体験的把握と文学

7.6.1. 文学における「四季」と「場所」へのこだわり

　文学について言えば，「四季」という「時」と「場所（土地）」という「場」が，日本文学と密接な繋がりがあるということが指摘されてきた。

　たとえば，加藤（2007: 65）は，「恋とならんで同じ程度に四季の移りゆきを重んじるのは，日本の文化において際立った傾向である」と述べ，また芳賀（2013: 26）も「俳句に限らず，季節のない文芸は考えられないほどでした」と文学における「四季」の重要性を指摘している。また，「土地」については，板坂（1971: 136）が，「まことに，文学がこれほど場所と結びついているところは他に例を知らない」と述べている。

　「四季」と「場所（地名）」は，確かに，日本文学の特徴と言ってもよいものであるが，やはり，このどちらにも，日本語の「コト的知覚体験的事態把握」が関わっていると言うことができる。「四季」には「時の流れ」が関わっているが，その中でも俳句には，「季語」というものがあり，季節の移り変わりにはもっとも敏感な文学形式である。俳句は，「瞬間の感覚的経験」（加藤（2007: 76））を捉えた芸術作品であるが，このことについては，すでに，(19) のリースマンの『日本日記』を引用した箇所で述べた通りである。

　一方，「地名」が日本文学と深く結びついていることについても，「地名」が「本歌取り」の技法で広く用いられることなどからも明らかである。ただ，「地名」については，文学のみならず，日常生活や大衆文化においても，広範囲に用いられていることを指摘しておかねばならない。

　すでに第6章の映画ポスターについて述べたことであるが，欧

第7章 事態把握のあり方と文化の関連性をめぐって 173

米の映画の日本版タイトルには，オリジナル版にはなかった地名が
新たに用いられる例は数多い。また，日本においては，トラベルミ
ステリーや旅情ミステリーといった，小説のタイトルに地名が用い
られるミステリー小説のジャンル，あるいは，歌のタイトルに地名
が用いられる「ご当地ソング」[30]というジャンルの演歌等が大衆文化
に広く行き渡たっているということ自体，日本人の場所への愛着を
示すものと言える。

　このように，「地名」が日本文学のみならず，日々の生活におい
てもよく用いられる現象は，「地名」に関する特徴的な現象として
捉えられるべきではないと思われる。つまり，「地名」に対する愛
着は，日々暮らす「場」への「体験的」な愛着の現れでもあるので
ある。

7.6.2. 日本文学における抒情性と共感性

　日本語は「知覚体験」として事態を把握するがゆえに，「抒情」に
富む語が多いことは，すでに述べた通りである。もしそうであれ
ば，当然のこととして，作品そのものも，叙景より抒情に富んだ
ものとなり得よう。

　このことについて，芳賀（2004: 293-294）は，吉田（1968）の
見解を引用し，次のように述べている。

(28)　俳句と対極に位置する大長編文芸は生まれにくく，「われ
　　　われはついに，ホーマー，アーサー王，ニーベルンゲン，
　　　ベーオウルフ，あるいは，ダンテの『神曲』といった大叙
　　　事詩をもち得なかった。『水滸伝』や『西遊記』もわれわれ
　　　のものではなかった」（吉田精一『古典文学入門』）。

---

[30] 『津軽海峡・冬景色』（阿久悠作詞）（1977）は，ご当地ソングの中でも，最
もヒットした歌であると思われるが，歌のタイトルに，「津軽海峡」という地名
に加えて，さらに，「冬景色」という季節が付け加えられ，「場所」と「四季」の
両方がタイトルに表われていることは，指摘しておいてよいと思われる。

しかし，日本語が叙事詩を持ち得なかったことについては，日本語が事態を平面的・連続的・感覚的に把握する言語であり，立体的・客観的・分析的に描くことには向いていないという日本語そのものの性質が関わっていると思われる。一方，「場」にとらわれない「分析的な事態把握」の言語であれば，叙事詩や虚構のある本格的な小説には向いているということになろう。[31]

また，日本語が「場」での事象を知覚的・感覚的に捉える言語であるとすれば，「作家の身辺，その日常の経験を材に取り，格別の虚構を加えず素材そのままを書き連ねた」（芳賀（2004: 297））「私小

---

[31] また，日本では古来，「哲学」「論理学」「数学」「物理学」「天文学」といった学問は，あまり，発達してこなかったようにも思われるが，このことについても，これらの学問は「メタ認知」が必要とされるので，「知覚と認識が融合した認知」の言語話者には不向きであったということも関わっていたのかもしれない。

さらに，「知覚と認識が融合した認知」と「メタ認知」による認識の違いは，「神」についての理解の違いにも関わっていた可能性がある。本書でもたびたび引用している『侍』（1986: 247）には，日本人の本質的に，人間を越えた絶対的なものに対する感覚のなさについて，神父が次のように語る場面がある。「彼らの感性はいつも自然的な次元にとどまっていて，決してそれ以上，飛躍しないのです。自然的な次元のなかでその感性は驚くほど微妙で精緻です。が，それを超える別の次元では捉えることのできぬ感性です。だから日本人は，人間とは次元を異にした我々の神を考えることはできません。」この発言は，きわめて，日本人の感性を言い当てたものと思われるが，「自然的な次元」とは「場面内視点」での世界であり，「それを超える別の次元」とは「場面外視点」での世界と言うこともできるように思われる。「知覚と認識が融合した認知」は，「自然的な次元」を捉えることには向いているが，「それを超える別の次元」を捉えることには向いていないと言わざるを得ない。「別の次元」の理解には「メタ認知」が求められるのである。

しかし，イコンであれば，「知覚と認識が融合した認知」で捉えることは可能である。牧野（1996: 45）は，「キリスト教の中で，カトリックが室町時代に浸透していき，日本の人口の2％ぐらいがカトリックに帰依したのは，……カトリックがイコンという視覚，触覚に訴える要素を持っているからではないかと考えられます。」と指摘しているが，これは，蓋し，卓見であると思われる。

第7章　事態把握のあり方と文化の関連性をめぐって　　175

説」というジャンルが成立したのは当然のことである。[32]

　日本文学での特殊な文学形式としての「連句」にもふれておく必要がある。次は，芳賀 (2013: 19-20) からの引用である。

(29)　……和辻哲郎『風土』は，文芸の特殊な形式としての「連句」に注目しています。いわく，おのおのの句は一つの独立した世界を持ちながら互いの間に微妙なつながりがあり，一つの世界が他の世界に展開しつつ全体としてのまとまりを持つ。……「互いの心の交響・呼応のうちにおのおのの体験を表現する。かかる詩の形式は西洋人の全然思い及ばなかったものであろう」。

連句は，「話し手と聞き手の間で対象物に対する共同注意 (joint attention)（濱田 (2016: 25)）」があってこそ，成立すると言える。つまり，「互いの心の交響・呼応」は，あくまで，日本語の事態把握におけるお互いの「共感体験」から生じるのである。「かかる詩の形式は西洋人の全然思い及ばなかったものであろう」とのことであるが，そもそも，「分析的把握」の英語は，「互いの心の交響・呼応のうちにおのおのの体験を表現する」ことには向いていない言語である。先の井出の (6) の引用の中で，「……日本語の会話の特徴として，水谷 (1985) は，二人で会話を作りあげるという意味で「共話」と呼んだ」と述べたが，「連句」が成立するには，まず，「共話」の成立が求められると言えるかもしれない。

　また，加藤 (2007: 80) は，随筆の特徴について，「随筆の各断片は，連歌の付句のようなものである。時間の軸に沿っていえば，

---

[32] 牧野 (1978: 168) では，「まさに，日記でしか表現できないような個人的体験が日本の文学の中核にあるからこそ，日記が重要な文学のジャンルとして成立したのであろう。読者の側からすれば，完全に近い虚構の世界より，個人的で，心理的な現実を，多くの場合，自然にたくして，こまやかに描写する日記を文学として認めたのである。」と述べている。

読み終った断片や，来るべき断片とは関係なく，今，目前の断片が，それ自身として面白ければ面白い。抒情詩の形式における現在集中への志向は，散文においても，もっとも典型的には随筆において，全く同じように確認されるのである。」と述べているが，「現在集中への志向」とは，散文であれ，韻文であれ，日本語においては，常に，「今」の知覚体験が述べられているということと重なり合う。[33] さらに言えば，このことは，先に5.3節で論じた，「現場の一瞬の事象のプロセス把握は，日本語表現の根幹をなすものである」ということにつながる現象であると言えよう。

7.7. 日本人と自然

よく，日本人は自然と一体となることを好むということが言われてきた。少し長くなるが，次の芳賀（2013: 23-25）の引用が，このことについての一般的な見解であるように思われる。

(30) 自然界の息吹きは日本人の感性と一体です。自然に抱かれると日本人は詩人になり，風土の美しさを反映した日本語

---

[33] 散文であれ，韻文であれ，日本語においては，常に，「今」の知覚体験が述べられているとすれば，常に，主節として述べられることになり，中村（2009: 372）で述べられている，日本語においては，「従属性の度合い」が低いことを説明することができる。このことについては，先の3.4.2節で述べた，四つの英語の分析的な構文が，すべて，「S1 と，S2」という体験的な構文に書き換えられることを参照されたい。

また，「今」の「知覚体験」との関連において，庭園と絵巻物について述べるならば，回遊式庭園や絵巻物にも，「一瞬の今」を把握する日本語の「プロセス体験志向」が関わっていると思われる。新形（2007: 25）は，絵巻物について，「過ぎ去った光景はすでに見えない，これから現われるであろう光景はまだ見えない，見えているのは，ただ，現在の光景だけであるという，空間的時間的構造は，桂離宮の庭園の構造と全く同じです」と述べているが，これは，「一瞬の今」の知覚体験される事象が，「連続」して，絶えず更新されていくということでもある。

第7章　事態把握のあり方と文化の関連性をめぐって　　177

は多彩・豊富です。「初音」「花曇り」「花筏」「さつき晴れ」「山ほととぎす」「新緑」「木洩れ日」「菜種梅雨」「夏雲」「野分」「忘れ音」「淡雪」「細雪」「雪化粧」……。

　このような日本人は，西洋人が「自然というものを道具か品物のように心えている」（寺田寅彦「俳句の精神」──随筆集⑤）といった境地にいることはできません。むしろ自然を「自分のからだの一部のように思っている」（同）のが日本人の感覚です。

……

　このような日本人の自然の一体感は，「地球上における日本国の独自な位置」が基礎的原理となって育まれた，と地球物理学者・寺田寅彦は説きます。日本の自然界は「気候学的地形学的生物学的その他あらゆる方面から見て」きわめてユニークな性格を具有している。その環境に生きてきた日本列島の住民には，その環境に対するデリケートな観察が生まれ，敏捷な反応が養われた。

……

　「花吹雪」「花の雨」「おぼろ」「おぼろ月夜」「風薫る」「夏木立」「村しぐれ」「小春日和」「春寒」「花冷え」……これらを外国語に翻訳できたとしても，これらの純日本的感覚はとうてい翻訳できるものではない，と寺田寅彦は断定しました。

　日本人の自然との一体感の理由として，芳賀は，寺田寅彦の「地球上における日本国の独自な位置」という説を紹介している。確かに，この寺田説は一見うなずけるようにも思えるが，しかし，この寺田説ですべてを説明しようとすることには，少なからず，無理が生じてくるのではないだろうか。本書でのこの問題に対する見解は，ここにおいても，「知覚と認識が融合した認知」の「知覚」において，対象を捉える日本語の事態把握のあり方が関わっているとす

るものである。

　日本語の体験的把握は，日本語が「場」と一体化しているがゆえに可能となるのであるが，日本語における自然との一体感は，この「場」との一体化の延長として捉えることは十分に可能なのではないだろうか。もし，逆に，日本語が，英語のような「場面外視点」の言語で，「場」との一体感がない言語であったとしたならば，たとえ，日本が，寺田の言う「地球上における日本国の独自な位置」にあったとしても，はたして，自然との一体感はあり得ただろうか。[34]

　もし欧米人が，「自然というものを道具か品物のように心えている」とすれば，それは，認知主体が「場」にいないので「場」の雰囲気を感じとることができず，対象を客体化して分析的に「メタ認知」で事態把握をせざるを得ない英語という言語そのものの性質が少なからず関わっているためであるように思われる。

　また，「「花吹雪」「花の雨」「おぼろ」「おぼろ月夜」……これらを外国語に翻訳できたとしても，これらの純日本的感覚はとうてい翻訳できるものではない」については，先に，本章の7.3.2節の

---

[34] もちろん，歴史的には，「地球上における日本国の独自な位置」の事実があって，徐々に，「体験的把握」としての日本語が成立していったものと考えられる。角田（2016）『日本語人の脳』において，角田は峰島との対談で，「つまり，従来言われておりましたような，ロゴス（言語）とパトス（情緒）と自然が混然一体となっている日本文化の特徴がこの図式で（本書 p. 68 の図で）ものの見事に立証されたと申しますか，脳の働きのレベルで文化論の裏付けがとれたように思います。」（角田（2016: 268））と述べている。一方，峰島は，「日本人は言語や論理を扱う脳と同じ側で感情的なことも扱っているし，動物の声や人の泣き声・笑い声・嘆く声なども同じ左脳で扱っている。そういうことが明らかになってみれば，よく指摘されるような日本人の特質，あいまいであるとか情緒的であるとか物事をはっきり区別しないということなども，その理由が非常に理解しやすくなります。」（角田（2016: 269））と述べている。

　なお，角田（2016）は濱田英人氏からご教示いただいたものであり，氏に感謝します。

第7章　事態把握のあり方と文化の関連性をめぐって　　179

「日本語表現の「情意性」」でふれた，大津の「私が余情と呼ぶもの
は，英語には翻訳しようがない」という見解と同じ趣旨と考えられ
る。つまり，「花吹雪」「花の雨」「おぼろ」……といった「余情」の
ある語は，日本語の「知覚と認識が融合した認知」の「知覚」部分
による認識によるものであるがゆえに，知覚対象が客体化された
「メタ認知」による認識の英語では表しようがないのである。

　先に，本章の 7.3.6 節で，日本語話者間と英語話者間における人
間関係を，それぞれ，「個人」があくまでコトである集団の中の一
員としてのみ成立する「コト的」人間関係，「個人」が「個人」とし
てのみ成立する「モノ」的人間関係としたが，この関係は，さらに，
人間と自然の間においても成り立つと言うことも可能かもしれな
い。すなわち，日本においては，人間と自然は，人間が自然という
コトの一部である「コト的」関係にあるのに対し，西洋においては，
「人間」と「自然」がそれぞれ独立したものとして扱われる「モノ的」
関係にあるということである。[35] であるとすれば，日本人と欧米人
のそれぞれにおける人間関係の違いに加えて，人間と自然の関係に
おける違いについても，「コト志向」，「モノ志向」という，大きな
枠組みの中で捉えることが可能となり得るということになる。[36]

---

[35] 日本と西洋の庭園について，有馬 (2015: 25-27) は，「（日本の）建築や庭
園には借景が重んじられ，……。すなわち対象をそれだけ切り離すのではなく，
常に周りの自然や人間の動きというコンテクストとの関係において対象を捉える
ことが好まれている。……他方，アメリカのきれいに刈り込まれた芝生の庭は，
住宅とは独立した空間として自然と対峙する人工的な空間の確保という観が強
く，……コンテクスト・フリー性（周囲の状況などのコンテクストとの関係にと
らわれないこと）を感じさせるものとなっている。」と述べている。これは，日
本においては，「庭園」というモノは「自然」というコトの中の一部であるが，ア
メリカにおいては，「芝生の庭」と「自然」は，それぞれ独立したモノであるとい
うことである。
[36] 池上 (2009: 432) は，〈自然〉と〈人間〉との関わり合いを，「〈無界性〉へ
の志向」という観点から，次の (i) のように述べている。
　(i)　日本の場面，文化のさまざまな場面で〈無界性〉への志向という特徴が

180

　さらに芳賀（2004: 64）は，「現代も依然として汎神思想的アニミズムの伝統の中にいる日本人には，やはり，共に大自然の内にある「神々の複数性と人間への近さ」（石田英一郎「二つの世界観」―『人間と文化の探求』）が実感され，神々と親しむ感覚が生き続けています」と述べているが，「アニミズム的自然観」も「知覚体験的の事態把握」の言語であることが少なくとも関わっているのかもしれない。

7.8.　まとめ―「場」へのこだわりと「共感」―

　これまで，「日本語でのコミュニケーション」の特色や「集団志向」「個人志向」といった文化の違いが，「場の共有」による「知覚

相同的に現れてくることに気づく。例えば，……〈ことば〉と〈コンテクスト〉の兼ね合い（〈ことば〉は〈コンテクスト〉から自立するのでなく，依存することを前提として機能する），〈集団〉と〈個人〉の関わり合い（〈個人〉は〈集団〉と対立するのでなく，それと融合する形で振舞う），〈人間〉と〈自然〉の関わり合い（〈人間〉は〈自然〉と対立し，それを征服するというのではなく，その一部として溶け込んでいく）といった場合など，〈無界性〉への志向という特徴が相同的に見てとれる。
　さらに〈モノ〉と〈コト〉と〈有界〉〈無界〉の関連については，次の (ii) のように述べている（池上 (2009: 432)）。
　 (ii)　（英語の場合）……外からの自らと隔たりをとっての接触の場合，主体は客体を〈有界〉の空間的存在（つまり，〈モノ〉）として，自らと対立する〈他者〉として認識することになろう。一方，（日本語の場合）自らの肌を通して内なる存在として接触する主体は，客体を時間と共に変化する〈無界的〉な存在（つまり，〈コト〉）として体験することになろう。
　ここでは，〈コト〉を「時間と共に変化する〈無界的〉な存在」として捉えていることが注目されるが，コトとしての〈体験〉は，時間と空間のある「場」においての体験であって，本書での「体験的」ということになる。つまり，「〈無界的〉な存在」としての把握は，「コト的把握」であり，「現場の一瞬の今」も，〈無界的〉な存在ということになろう。

第7章　事態把握のあり方と文化の関連性をめぐって　　181

体験の共有」から生じることを見てきたが，「場」そのものについて考えてみたい。

　「場」が日本語・日本文化に深く根をおろしていることは，これまで，さまざまな面で指摘されてきた。たとえば，次のメイナード(2000: 357) の引用は興味深い。

(31)　……日本語の場所性に関して，中村（1998）が興味深い指摘をしている。日本語の基本動詞「なり」について，その意味が行為の主体でなく，場所に依存していることを指摘し，「植物の成長・増殖に起源を持つ〈なる〉の立場は，単なる生成発展ではなくて，基盤あるいは場所への依存度が大きい」(1998: 301) と述べている。身近な例で言えば，中村（1998）が指摘する通り，日本語では，「彼は，人々を，食事に招く」というより，「彼の，家で，一席，設ける」とか「彼の，家で，宴会が開かれる」という表現がより自然であることに見て取れる通り，招く主体よりできごとの起きる〈場所〉の方を明示することが自然とされる。ここにも〈主格の非優位性〉が認められるのである。

ではなぜ，「彼は，人々を，食事に招く」と言うより，「彼の，家で，一席，設ける」とか「彼の，家で，宴会が開かれる」と言うほうが，より自然な日本語となるのかということであるが，「場」が明確に提示されることによって「コト的体験的把握」がよりしやすくなる，つまり，より知覚的・感覚的に捉えやすくなり，そのことによって，「共感」の度合いが高まるためと思われる。[37]

---

[37] 作詞家阿久悠の歌詞については，「映画的手法」，すなわち，「冒頭のフレーズで情景が浮かぶようにできている」（「あの年この歌 SP「日本の音楽を変えた4人」ひばり・拓郎・阿久悠・聖子の秘蔵映像」BS ジャパン，2016.1.16）と言われているが，このことについては，「場」の設定の仕方が巧みであったと解することもできる。

182

次の英語原文と日本語訳を比べてみよう。

(32) Freddie, the leaf, had grown large. His mid-section was wide and strong, and his five extensions were firm and pointed. He had first appeared in Spring as a small sprout on a rather large branch near the top of a tall tree.

(L. Buscaglia, *The Fall of Freddie the Leaf*: p. 2)

葉っぱのフレディは　この春　大きな木の梢に近い　太い枝に生まれました。そして夏にはもう　厚みのある　りっぱな体に成長しました。五つに分かれた葉の先は　力強くとがっています。　　（『葉っぱのフレディ』: p. 2）（下線部筆者）

まず，(32) の英語原文では，"Freddie, the leaf, had grown large"（フレディは大きく成長した）→ "He had first appeared in Spring as a small sprout"（フレディは最初は春に小さな芽として現れた）と，フレディの成長が，時の流れに沿って述べられてはいないのに対し，日本語訳では，「この春，太い枝に生まれました」→「夏には立派な体に成長しました」，と，時の推移に沿って連続的に述べられ，原文にはなかった「夏」の語が新たに付け加えられている。さらに，注目すべきは，原文の "in Spring" が，日本語訳では，「この春」と「場」がはっきり明示され，より体験しやすい表現になっているということである。[38]

---

[38] 池上 (2000: 228-229) は，「同じ対象と考えてよいものが，日本語の辞書では，〈トコロ〉として，英語の辞書では〈モノ〉として定義されているのがよく見かけられる」として，次の二つの例をあげている。

火葬場＝「火葬を行う場所」

CREMATORIUM = "*a building* in which the bodies of dead people are burned at a funeral ceremony"

競技場＝「競技を行う場所」

STADIUM = "*a building* for sports, consisting of a field surrounded by rows of seats"

第 7 章　事態把握のあり方と文化の関連性をめぐって　　183

　先の第 6 章では，日本版の映画ポスターでは，オリジナル版に比べて背景画像が多いとの指摘をしたが，「共感」ということに関して言えば，これも背景という「場」があることによって，より体験的に把握しやすくなるということであり，このことについては，先に述べた通りである。

　「体験的把握」とは，これまで述べてきたように，あくまで「場」に基づいているものであり，「話し手と聞き手の間で対象物に対する共同注意 (joint attention) が成立している」(濱田 (2016)) とすれば，「話し手と聞き手」の双方が，「感覚体験」のやり取りをすることになる。結果的に，このことは，「見えの共有が共感，すなわち感情的な経験の共有感につながる」(本多 (2005: 204))，「日本語は見えの体験の共有により，共感を形成する言語である」(尾野 (2014: 67)) とする日本語表現の「共感性」につながることになる。つまり，日本語のコミュニケーションにおいては，相手を理解するということは，相手の「ことば」のみならず，「感覚体験」という「こころ」

これらの例における「場」という語の使用についても，「場」が日本語・日本文化に根を深くおろしていることの現れとしてよいかもしれない。
　この〈トコロ〉すなわち「場所」として処理するか，それとも，〈モノ〉として処理するかについても，「場面内視点」の「体験的」と「場面外視点」の「分析的」という事態把握の違いが関わっている。さらに言えば，このことについても，「脳内現象」による説明も可能である。すなわち，「「見えているまま」という感覚が場面の中にいる，場面と一体化している，あるいは場面と共に自分が存在しているという感覚に繋がる」(濱田 (2017: 55)) 日本語話者にとっては，現実の時空間のある「場」にいると感じるところから，対象を〈トコロ〉すなわち，「場」として捉えやすくなるのに対し，「知覚された状況を右脳でメタ認知処理をしてから左脳で言語化するので，自分を自分で観ている感覚が生じる」英語話者であれば，対象を立体的に〈モノ〉的に捉えやすくなると考えられる。
　例文 (32) について言うならば，日本語訳で「この春」の語が用いられたのは，日本語話者にとっては，「場面と一体化している」ところから，「春」が現実の時間として捉えられたためであり，英語原文で "in Spring" という表現が用いられているのは，英語話者にとって，"Spring" が，概念的・立体的に捉えられているためであると考えられる。

も理解しなければならないということになろう。

熊倉 (2011: 194) は，次のように述べている。

(33)　千五百年にも及ぶ中国文化の受容，百五十年以上になる西
　　　欧文化の受容にもかかわらず，脈々と続く日本語が造って
　　　きた日本人の人間性ですが，その根底にあるのは日本語が
　　　培った同情・共感の「こゝろ」を他者と共有しようとする
　　　意識なのです。この「こころ」の共同体意識こそ，日本語
　　　が開発したすばらしい人間性なので (す)。[39]

この熊倉の見解の根底にも，本書でこれまで論じてきた，日本語の
「知覚と認識が融合した認知」という事態把握のあり方が関わって
いると言うことはできるように思われる。

---

[39] 鈴木 (2014: 52-66) で述べられている「日本語を学ぶことが人を平和的に
する」という「タタミゼ効果」は，この熊倉の見解と重なるものであると考えら
れる。

引 用 文 献

荒木博之（1985）『やまとことばの人類学』（朝日選書），朝日新聞社，東京.

荒木博之（1994）『日本語が見えると英語も見える』（中公新書），中央公論社，東京.

有馬道子（2015）『日英語と文化の記号論』（開拓社 言語・文化選書52）開拓社，東京.

足利俊彦（2008）「インターネット広告の談話分析―日本語とアメリカ英語の場合」『日英の言語・文化・教育 多様な視座を求めて』，日英言語文化研究会（編），81-89，三修社，東京.

Banfield, Anne（1973）"Narrative Style and the Grammar of Direct and Indirect Speech," *Foundations of Language* 10, 1–39.

ベネディクト，ルース（著），長谷川松治（訳）（1967）『菊と刀』社会思想社，東京.

ベルク，オギュスタン（著），宮原信（訳）（1985）『空間の日本文化』筑摩書房，東京.

藤本敏之（1993）『英語と日本語とその文化―対照言語学的研究―』近代文藝社，東京.

藤田英時（2009）『なぜ英語のネイティブは，見知らぬ人にあいさつをするのか？』（宝島社新書），宝島社，東京.

深田智・仲本康一郎（2008）『概念化と意味の世界』（講座 認知言語学のフロンティア3），山梨正明（編），研究社，東京.

芳賀綏（2004）『日本人らしさの構造』大修館書店，東京.

芳賀綏（2013）『日本人らしさの発見』大修館書店，東京.

濱田英人（2011）「言語と認知―日英語話者の出来事認識の違いと言語表現―」『函館英文学』第50号，65-99，函館英語英文学会.

濱田英人（2016）『認知と言語：日本語の世界・英語の世界』（開拓社 言語・文化選書62），開拓社，東京.

濱田英人（2017）「脳内現象としての言語―日本語の感覚・英語の感覚の根源的基盤―」『函館英文学』第56号，47-61，函館英文学会.

濱田英人（2018）「脳内現象としての言語―認知と言語のメカニズム―」『ことばのパースペクティヴ』，中村芳久教授退職記念論文集刊行会

（編），514-526，開拓社，東京.

Hinds, John (1986)『*Situation vs. Person Focus*/日本語らしさと英語らしさ』くろしお出版，東京.

廣瀬幸生（2016）「主観性と言語使用の三層モデル」『ラネカーの（間）主観性とその展開』，中村芳久・上原聡（編），333-355，開拓社，東京.

久泉鶴雄（2005）「日英語の視点の相違と表現の相違—点描—」『日英語の比較　発想・背景・文化』，日英言語文化研究会（編），111-117，三修社，東京.

本多啓（2005）『アフォーダンスの認知意味論』東京大学出版会，東京.

井出祥子（2006）『わきまえの語用論』大修館書店，東京.

池上嘉彦（1981）『「する」と「なる」の言語学』大修館書店，東京.

Ikegami, Yoshihiko (1991) "'DO-language' and 'BECOME-language' Two Contrasting Types of Linguistic Representation," *The Empire of Signs: Semiotic Essays on Japanese Culture,* ed. by Yoshihiko Ikegami, 285-326, John Benjamins, Amsterdam.

池上嘉彦（2000）『「日本語論」への招待』講談社，東京.

池上嘉彦（2002）『自然と文化の記号論』放送大学教育振興会，東京.

池上嘉彦（2004）「言語における〈主観性〉と〈主観性〉の言語的指標（1）」『認知言語学論考 No. 3　2003』，1-49，ひつじ書房，東京.

池上嘉彦（2005）「言語における〈主観性〉と〈主観性〉の言語的指標（2）」『認知言語学論考 No.4　2004』，1-60，ひつじ書房，東京.

池上嘉彦（2009）「人文学研究における作業仮設としての〈相同性〉」『英文学研究　支部統合号』第2巻，421-435，日本英文学会.

池上嘉彦（2011）「日本語と主観性・主体性」『ひつじ意味論講座　主観性と主体性』，49-67，ひつじ書房，東京.

池上嘉彦・守屋三千代（編）（2009）『自然な日本語を教えるために』ひつじ書房，東京.

井上忠司（1977）『「世間体」の構造』（NHK ブックス）日本放送出版協会，東京.

石田英一郎（1970）『人間と文化の探求』文藝春秋，東京.

板坂元（1971）『日本人の論理構造』（講談社現代新書），講談社，東京.

影山太郎（2002）『ケジメのない日本語』（もっと知りたい！日本語）岩波書店，東京.

金谷武洋（2004）『英語にも主語はなかった』（講談社選書メチエ）講談社，東京.

加藤周一（2007）『日本文化における時間と空間』岩波書店，東京.

北林利治（2011）『文法における話し手の様相』英宝社，東京.

北林利治（2013）「日英語における〈見え〉の表現」『表現研究』98, 91-100.

金野空子（2018）「日英語の比較から読み取る文化の違い――*The Lying Carpet*『ほらふきじゅうたん』から学ぶ――」北海道武蔵女子短期大学2017年度卒業研究.

熊谷高幸（2011）『日本語は映像的である』新曜社，東京.

熊倉千之（2011）『日本語の深層』（筑摩選書）筑摩書房，東京.

前田有一（2016）「ハリウッド版をすら凌駕する，これぞ2016年の日本にふさわしい新ゴジラ」http://movie.maeda-y.com/ movie/02100.htm

牧野成一（1978）『ことばと空間』東海大学出版会，東京.

牧野成一（1980）『くりかえしの文法』大修館書店，東京.

牧野成一（1996）『ウチとソトの言語文化学――文法を文化で切る――』（NAFL選書）アルク，東京.

巻下吉夫（1979）「WHEN とその逆転性について」『英語と日本語と　林栄一教授還暦記念論文集』，林栄一教授還暦記念論文集刊行委員会（編），324-345，くろしお出版，東京.

増田貴彦（2010）『ボスだけを見る欧米人　みんなの顔まで見る日本人』（講談社＋α新書），講談社，東京.

Maynard, Senko K. (1997) *Japanese Communication,* University of Hawai'i Press, Hawai'i.

メイナード，泉子・K.（2000）『情意の言語学――「場交渉論」と日本語表現のパトス――』くろしお出版，東京.

水谷信子（1985）『日英比較 話しことばの文法』くろしお出版，東京.

森田良行（1986）『基礎日本語辞典』角川書店，東京.

鍋島弘治朗（2011）『日本語のメタファー』くろしお出版，東京.

中島信夫（2001）「具象概念から抽象概念のメタファー的構成――時間概念の場合――」『私学研修』第157・158号，105-118，私学研修福祉会.

中村明（1991）『文章をみがく』（NHK ブックス）日本放送出版協会，東京.

中村芳久（2004）「主観性の言語学：主観性と文法構造・構文」『認知文法論II』（シリーズ認知言語学入門第5巻），3-51，大修館書店，東京.

中村芳久（2009）「認知モードの射程」『「内」と「外」の言語学』，坪本篤朗・早瀬尚子・和田尚明（編），353-393，開拓社，東京.

中村雄二郎（1998）『日本文化における悪と罪』新潮社，東京.

新形信和（2007）『日本人の〈わたし〉を求めて』新曜社，東京.

西部邁（2002）『知性の構造』角川春樹事務所，東京．

野村益寛（2002）「〈液体〉としての言葉——日本語におけるコミュニケーションのメタファー化をめぐって」『認知言語学II：カテゴリー化』，大堀壽夫（編），37-57，東京大学出版会，東京．

小笠原泰（2006）『なんとなく，日本人』（PHP新書），PHP研究所，東京．

岡智之（2013）『場所の言語学』ひつじ書房，東京．

尾野治彦（1990）「進行形についての覚え書き——be going to と will の比較に関連して——」『函館英文学』第29号，15-35．

尾野治彦（2004）「日英語の映画のタイトルにおける表現の違いをめぐって——「感覚のスキーマ」と「行為のスキーマ」の観点から——」『北海道武蔵女子短期大学紀要』第36号，63-110．

尾野治彦（2008）「絵本における日英語の推移表現の比較——〈臨場的スタンス〉と〈外置的スタンス〉の観点から——」『北海道武蔵女子短期大学紀要』第40号，37-99．

尾野治彦（2011）「「S1 と，S2」と「やがて」における「体験性」をめぐって——対応する英語表現と比較して——」『英文学研究　支部統合号』第3巻，29-46，日本英文学会．

尾野治彦（2012）「〈顔〉を表す視覚的体験名詞をめぐって——対応する英語表現との対比の観点から——」『北海道武蔵女子短期大学紀要』第44号，1-59．

尾野治彦（2014）「日本語の体験的把握に表れる〈視覚性〉〈感覚・感情性〉〈共感性〉」『北海道武蔵女子短期大学紀要』第46号，1-83．

尾野治彦（2015）「事象の事態把握における日本語の〈プロセス体験志向〉表現について——対応する英語の〈結果分析志向〉表現との対比の観点から——」『北海道武蔵女子短期大学紀要』第47号，1-75．

大井玄（2013）「「認知症三百万人時代」が問う日本人の人間観」『明日への選択』平成25年9月号，36-41．

大石久和（2015）『国土が日本人の謎を解く』産経新聞出版，東京．

大津栄一郎（1993a）『英語の感覚（上）』（岩波新書），岩波書店，東京．

大津栄一郎（1993b）『英語の感覚（下）』（岩波新書），岩波書店，東京．

Pinnington, Adrian. J. (1986) *Inside Out—English Education and Japanese Culture*（『裏返し——英語教育と日本文化』），三修社，東京．

リースマン，デイヴィット（1969）『日本日記』みすず書房，東京．

施光恒（2015）『英語化は愚民化　日本の国力が地に落ちる』（集英社新書），集英社，東京．

Seward, Jack (1976) *The Americans and the Japanese*，英潮社新社，東京．

宗宮喜代子 (2012)『文化の観点から見た文法の日英対照』ひつじ書房，東京．

鈴木孝夫 (1975)『閉ざされた言語・日本語の世界』（新潮選書），新潮社，東京．

鈴木孝夫 (2014)『日本の感性が世界を変える：言語生態学的文明論』（新潮選書），新潮社，東京．

武本昌三 (1993)『英語教育の中の比較文化論』鷹書房弓プレス，東京．

多々良直弘 (2009)「談話レベルに見る〈有界性〉と〈無界性〉——物語と新聞報道にみる英語と日本語の特徴」『英文学研究　支部統合号』第 2 巻，415-417，日本英文学会．

寺田寅彦 (1949)『寺田寅彦随筆集　第 5 巻』（岩波文庫），岩波書店，東京．

坪本篤朗 (1998)「文連結の形と意味と語用論」『モダリティと発話行為』（日英語比較選書 3），100-202，研究社，東京．

坪本篤朗 (2009)「〈存在〉の連鎖と〈部分〉／〈全体〉のスキーマ——「内」と「外」の〈あいだ〉——」『「内」と「外」の言語学』，坪本篤朗・早瀬尚子・和田尚明（編），299-351，開拓社，東京．

Tsukawaki, Mayu (2009) "A Contrastive Study of English Movie Titles Translated into Japanese,"『英語英米文学論輯：京都女子大学大学院文学研究科研究紀要』第 8 号，13-40．

角田忠信 (2016)『日本語人の脳』言叢社，東京．

山本雅子 (2008)「テイルの意味」『言葉と認知のメカニズム　山梨正明教授還暦記念論文集』，児玉一宏・小山哲春（編），439-452，ひつじ書房，東京．

山本哲士 (2012)「金谷日本語論のエッセンス」『金谷武洋の日本語論』，Iichiko. WINTER 2012 No. 113，6-24，文化科学高等研究院出版局，東京．

山梨正明 (2000)『認知言語学原理』くろしお出版，東京．

安井稔 (1997)「日本語の語感と英語の語感」『英語学の門をくぐって』，21-29，開拓社，東京．

吉田精一 (1983)『古典文学入門』（新潮選書），新潮社，東京．

吉村公宏 (2008)「身体性——「好まれる」事態把握の観点から——」『英語青年』6 月号，20-24．

和辻哲郎 (1979)『風土－人間学的考察』（岩波文庫），岩波書店，東京．

辞書・辞典

井上永幸・赤野一郎（編）『ウィズダム 英和辞典 第3版』(2013) 三省堂.

梅棹忠夫（他監修）『講談社カラー版 日本語大辞典 第2版』(1995) 講談社.

小西友七（編）『ウィズダム 和英辞典』(2007) 三省堂.

田中茂範（編）『E ゲイト英和辞典』(2003) ベネッセコーポレーション.

新村出（編）『広辞苑 第6版』(2008) 岩波書店.

南出康世・中邑光男（編）『ジーニアス和英辞典 第3版』(2011) 大修館書店.

Collins Cobuild English Dictionary for Advanced Learners (2001) HarperCollins.

Macmillan English Dictionary (2002) Macmillan Education.

『E-DIC 英和｜和英』(2005) 朝日出版社.

用例出典

日本語原文のもの

安部公房 (1981)『砂の女』(新潮文庫), 新潮社, 東京.
　　The Woman in the Dunes, E. Dale Sanders (tr.) (1992) Vintage, New York.

内田康夫 (1985)『戸隠伝説殺人事件』(角川文庫), 角川出版社, 東京.
　　The Togakushi Legend Murders, David J. Selis (tr.) (1994) Tuttle Publishing, Tokyo.

遠藤周作 (1981)『沈黙』(新潮文庫), 新潮社, 東京.
　　Silence, William Johnston (tr.) (1969) Taplinger Publishing Company, New York.

遠藤周作 (1986)『侍』(新潮文庫), 新潮社, 東京.
　　The Samurai, Van C. Gessel (tr.) (1997) New Directions Classic, New York.

大塚勇三 (作)・丸木俊 (絵) (1964)『うみのがくたい』福音館書店, 東京.
　　The Ocean-Going Orchestra, Sarah Ann Nishie (tr.) (2006) ラボ教育センター, 東京.

大塚勇三 (再話)・赤羽末吉 (絵) (1967)『スーホの白い馬』福音館書店, 東京.

Suho's White Horse, Peter Howlett・Richard McNamara（tr.）（2004）アールアイシー出版，東京.

小川洋子（2005）『博士の愛した数式』（新潮文庫），新潮社，東京.
The Housekeeper and the Professor, Stephen Snyder（tr.）（2009）Picador, New York.

かこさとし（1973）『おたまじゃくしの101ちゃん』偕成社，東京.
Tadpole 101, Peter Howlett・Richard McNamara（tr.）（2007）アールアイシー出版，東京.

かやのしげる（作）・いしくらきんじ（絵）（2001）『アイヌとキツネ』小峰書店，東京.
The Ainu and the Fox, Deborah Davidson（tr.）（2006）アールアイシー出版，東京.

川端康成（1947）『雪国』（新潮文庫），新潮社，東京.
Snow Country, Edward G. Seidensticker（tr.）（1956）Vintage International, New York.

木村裕一（作）・あべ弘士（絵）（1994）『あらしのよるに』講談社，東京.
One Stormy Night..., Lucy North（tr.）（2003）講談社インターナショナル，東京.

きむらゆういち（作）・あべ弘士（絵）（2001）『あるはれたひに』講談社，東京.
One Sunny Day ..., Lucy North（tr.）（2003）Kodansha International, Tokyo.

斎藤隆介（作）・滝平二郎（絵）（1995）「モチモチの木」『モチモチの木』岩崎書店，東京.
The Tree of Courage, Sako Laughlin（tr.）（2007）アールアイシー出版，東京.

さとうわきこ（1981）『いそがしいよる』福音館書店，東京.
Grandma Baba's Busy Night!, Richard Carpenter（tr.）（2004）Tuttle, Tokyo.

さとうわきこ（1982）『せんたくかあちゃん』福音館書店，東京.
Sudsy Mom's Washing Spree, Sako Laughlin（tr.）（2005）アールアイシー出版，東京.

さとうわきこ（1986）『どろんこおそうじ』福音館書店，東京.
Grandma Baba's Big Clean-up!, Richard Carpenter（tr.）（2005）チャールズ・イー・タトル出版，東京.

さとうわきこ（1988）『たいへんなひるね』福音館書店，東京.

Grandma Baba's Sunny Spring!, Richard Carpenter（tr.）（2004）Tuttle, Tokyo.

しみずみちを（作）・山本まつ子（絵）（1972）『はじめてのおるすばん』岩崎書店，東京.

Ding-Dong!, Sako Laughlin（tr.）（2008）アールアイシー出版，東京.

筒井頼子（作）・林明子（絵）（1977）『はじめてのおつかい』福音館書店，東京.

Miki's First Errand, Peter Howlett・Richard McNamara（tr.）（2003）アールアイシー出版，東京.

筒井頼子（作）・林明子（絵）（1983）『いもうとのにゅういん』福音館書店，東京.

Naomi's Special Gift, Laylene Mory・Susan Howlett（tr.）（2004）アールアイシー出版，東京.

筒井頼子（作）・林明子（絵）（1986）『とん　ことり』福音館書店，東京.

Gifts from a Mailbox, Jaylene Mory・Susan Howlett（tr.）（2004）アールアイシー出版，東京.

中川正文（作）・山脇百合子（絵）（1974）『ねずみのおいしゃさま』福音館書店，東京.

Dr. Mouse's Mission, Mia Lynn Perry（tr.）（2007）アールアイシー出版，東京.

中川李枝子（作）・大村百合子（絵）（1976）『ぐりとぐらのかいすいよく』福音館書店，東京.

Guri and Gura's Seaside Adventure, Peter Howlett・Richard McNamara（tr.）（2004）チャールズ・イー・タトル出版，東京.

中川李枝子・山脇百合子（1966）『ぐりとぐらのおきゃくさま』福音館書店，東京.

Guri and Gura's Surprise Visitor, Peter Howlett・Richard McNamara（tr.）（2005）チャールズ・イー・タトル出版，東京.

中川李枝子・山脇百合子（1987）『ぐりとぐらとくるりくら』福音館書店，東京.

Guri and Gura's Magical Friend, Peter Howlett・Richard McNamara（tr.）（2003）チャールズ・イー・タトル出版，東京.

中川李枝子・山脇百合子（1997）『ぐりとぐらの1ねんかん』福音館書店，東京.

Guri and Gura's Playtime Book of Seasons, Peter Howlett・Richard McNamara (tr.) (2003) チャールズ・イー・タトル出版，東京．

中川李枝子（作）・山脇百合子（絵）(2002)『ぐりとぐらのおおそうじ』福音館書店，東京．

Guri and Gura's Spring Cleaning, Richard Carpenter (tr.) (2003) チャールズ・イー・タトル出版，東京．

なかのひろたか (1968)『ぞうくんのさんぽ』福音館書店，東京．

Elephee's Walk, Peter Howlett・Richard McNamara (tr.) (2003) アールアイシー出版，東京．

なかやみわ (1999)『そらまめくんのベッド』福音館書店，東京．

Big Beanie's Bed, Mia Lynn Perry (tr.) (2004) アールアイシー出版，東京．

なかやみわ (1999)『それまめくんとめだかのこ』福音館書店，東京．

Big Beanie and the Lost Fish, Mia Lynn Perry (tr.) (2004) アールアイシー出版，東京．

なかやみわ (2001)『くれよんのくろくん』童心社，東京．

Blackie, the Crayon, Mia Lynn Perry (tr.) (2005) アールアイシー出版，東京．

夏目漱石 (1951)『こころ』(角川文庫)，角川書店，東京．

Kokoro, Edwin McClellan (tr.) (1969) Tuttle Publishing, Tokyo.

Kokoro, Ineko Kondo (tr.) (1941) Kenkyusha, Tokyo.

新美南吉（作）・黒井健（絵）. 1988.『手ぶくろを買いに』偕成社，東京．

Buying Mittens. Judith Carol Huffman (tr.) (1999) University of Hawai'i Press, Honolulu.

西内ミナミ（作）・堀内誠一（絵）(1966)『ぐるんぱのようちえん』福音館書店，東京．

Groompa's Kindergarten, Peter Howlett・Richard McNamara (tr.) (2003) アールアイシー出版，東京．

乃南アサ (1996)『凍える牙』(新潮文庫)，新潮社，東京．

The Hunter, Juliet Winters Carpenter (tr.) (2006) Kodansha International, Tokyo.

林　明子 (1989)『こんとあき』福音館書店，東京．

Army and Ken Visit Grandma, Peter Howlett・Richard McNamara (tr.) (2003) アールアイシー出版，東京．

藤沢周平 (1985)「驟り雨」『驟り雨』(新潮文庫)，新潮社，東京．

"A Passing Shower," *The Bamboo Sword*, Gavin Frew (tr.) (1981) Kodansha International, Tokyo.

星新一 (1972)「博士とロボット」『きまぐれロボット』(角川文庫), 角川書店, 東京.

"The Doctor and the Robot," *The Capricious Robot*, Robert Matthew (tr.) (1986) 講談社インターナショナル, 東京.

松岡享子 (作)・加古里子 (絵) (1970)『とこちゃんはどこ』福音館書店, 東京.

Where is Little Toko?, Mia Lynn Perry (tr.) (2004) アールアイシー出版, 東京.

松岡享子 (作)・林明子 (絵) (1982)『おふろだいすき』福音館書店, 東京.

I Love to Take a Bath, Mia Lynn Perry (tr.) (2004) アールアイシー出版, 東京.

松本清張 (1971)『点と線』(新潮文庫), 新潮社, 東京.

Points and Lines, Makiko Yamamoto and Paul C. Blum (tr.) (1970) Kodansha International, Tokyo.

三浦綾子 (1973)『塩狩峠』(新潮文庫), 新潮社, 東京.

Shiokari Pass, Bill and Sheila Fearnehough (tr.) (1987) Tuttle Publishing, Tokyo.

宮沢賢治 (1992)『銀河鉄道の夜 (*Night Train to the Stars*)』John Bester (tr.) 講談社, 東京.

宮沢賢治 (1996)『英語で読む銀河鉄道の夜 (*Night on the Milky Way Train*)』ロジャー・パルバース訳, 筑摩書房, 東京.

宮沢賢治 (1998)『セロ弾きのゴーシュ』*Gauche the Cellist.* Roger Pulvers (tr.) ラボ教育センター, 東京.

宮部みゆき (1995)『龍は眠る』(新潮文庫), 新潮社 , 東京.

The Sleeping Dragon, Deborah Stuhr Iwabuchi (tr.) (2009) Kodansha International, Tokyo.

渡辺茂男 (作)・山本忠敬 (絵) (1963)『しょうぼうじどうしゃじぷた』福音館書店, 東京.

Jeeper the Fire Engine, Jaylene Mory and Susan Howlett (tr.) (2004) アールアイシー出版, 東京.

英語原文のもの

Allsburg, Chris V. (1985) *The Polar Express*, Andersen Press, London.

『急行「北極号」』村上春樹（訳）（2003）あすなろ書房，東京．

Bean, Jonathan (2007) *At Night*, Farrar, Strasu and Giroux, New York.
　　『よぞらをみあげて』さくまゆみこ（訳）（2009）ほるぷ出版，東京．

Beskow, Elsa (1982) *Olle's Ski Trip*, (English Translation by Forsell, K.)
　　ラボ教育センター，東京．
　　『ウッレと冬の森』おのでらゆりこ（訳）（1981）らくだ出版，東京．

Branley, Franklyn B. (text) & Keller, Holly (illustration) (1963) *Snow is
　　Falling*, HarperCollins Publishers, New York.
　　『あっ！　ゆきだ』高橋庸哉（訳）（2008）福音館書店，東京．

Brontë, Emily (1995) *Wuthering Heights*, Penguin Classics, London.
　　『嵐が丘』田中西二郎（訳）（1953）（新潮文庫），新潮社，東京．

Brown, Dan (2003) *The Da Vinci Code*, Doubleday, New York.
　　『ダ・ヴィンチ・コード（上）（中）（下）』越前敏弥（訳）（2006）（角川
　　文庫），角川出版社，東京．

Burton, Virginia L. (1969) *The Little House*, Houghton Mifflin Company,
　　New York.
　　『ちいさいおうち』いしいももこ（訳）（1965）岩波書店，東京．

Burton, Virginia L. (1974) *Katy and the Big Snow*, HMH Books for
　　Young Readers, New York.
　　『はたらきもののじょせつしゃけいてぃー』いしいももこ（訳）（1978）
　　福音館書店，東京．

Burton, Virginia L. (1999) *Choo Choo*, ラボ教育センター，東京．
　　『いたずらきかんしゃ　ちゅうちゅう』むらおかはなこ（訳）（1961）福
　　音館書店，東京．

Buscaglia, Leo (1982) *The Fall of Freddie the Leaf*, SLACK, Thorofare,
　　NJ.
　　『葉っぱのフレディ』みらいなな（訳）（1998）童話屋，東京．

Connelly, Michael (1993) *The Black Ice*, Warner Vision, New York.
　　『ブラック・アイス』古沢嘉通（訳）（1994）（扶桑社ミステリー），扶桑
　　社，東京．

Cook, Thomas H. (1995) *Breakheart Hill*, Quercus, London.
　　『夏草の記憶』芹沢恵（訳）（1999）（文春文庫），文藝春秋，東京．

Cook, Thomas H. (2004) *Into the Web*, Bantam Books, New York.
　　『蜘蛛の巣のなかへ』村松潔（訳）（2005）（文春文庫），文藝春秋，東京．

Follett, Ken (1990) *The Pillars of the Earth*, A Signet Book, New York.

『大聖堂（上）（中）（下）』矢野浩三郎（訳）（2005）（SB 文庫），ソフトバンククリエイティブ，東京．

Follett, Ken (1999) *The Hammer of Eden*, Fawcett Crest, New York.
『ハンマー・オブ・エデン』矢野浩三郎（訳）（2004）（小学館文庫），小学館，東京．

Freeman, Don (1957) *Fly High Fly Low*, The Viking Press, New York.
『とんで　とんで　サンフランシスコ』やましたはるお（訳）（2005）BL 出版，東京．

Freeman, Don (2007) *Quiet! There's a Canary in the Library*, Viking Books, New York.
『しずかに！ここはどうぶつのとしょかんです』なかがわちひろ（訳）（2008）BL 出版，東京．

Gág, Wanda (1928) *Millions of Cats*, Puffin, New York.
『100 まんびきのねこ』いしいももこ（訳）（1961）福音館書店，東京．

Gannett, Ruth Stiles (text) & Gannett, Ruth Chrisman (illustration) (1948) *My Father's Dragon*, Yealing Books, New York.
『エルマーのぼうけん』わたなべしげお（訳）（1963）福音館書店，東京．

Gannett, Ruth Stiles (text) & Gannett, Ruth Chrisman (illustration) (1950) *Elmer and the Dragon*, Yealing Books, New York.
『エルマーとりゅう』わたなべしげお（訳）（1964）福音館書店，東京．

Gannett, Ruth Stiles (text) & Gannett, Ruth Chrisman (illustration) (1951) *The Dragons of Blueland*, Yealing Books, New York.
『エルマーと 16 ぴきのりゅう』わたなべしげお（訳）（1965）福音館書店，東京．

Hailey, Arthur (1966) *Hotel*, Bantam Books, New York.
『ホテル（上）（下）』高橋豊（訳）（1974）（新潮文庫），新潮社，東京．

Hailey, Arthur (1976) *The Moneychangers*, Bantam Books, New York.
『マネーチェンジャーズ（上）（下）』永井淳（訳）（1978）（新潮文庫），新潮社，東京．

Hilton, James (1934) *Good-bye, Mr. Chips*, Coronet Books, London.
『チップス先生さようなら』菊池重三郎訳（1956）（新潮文庫），新潮社，東京．

James, Phyllis D. (1989) *Devices and Desires*, Faber and Faber, London.
『策謀と欲望（上）（下）』青木久恵（訳）（1999）（ハヤカワ文庫），早川書房，東京．

Keller, Holly (1989) *The Best Present*, Greenwillow Books, New York.
『いちばんすてきなプレゼント』あかぎかんこ・あかぎかずまさ（訳）(2001) ポプラ社，東京.

Keller, Holly (1991) *Horace*, Greenwillow Books, New York.
『ママとパパを　さがしにいくの』すえよしあきこ（訳）(2000) BL 出版，東京.

Keller, Holly (1994) *Geraldine's Baby Brother*, Scholastic Inc, New York.
『ジェラルディンのきょうからおねえちゃん』eqPress（訳）(1994) 国土社，東京.

Keller, Holly (1996) *Geraldine First*, Greenwillow Books, New York.
『ジェラルディンとおとうとウィリー』eqPress（訳）(1996) 国土社，東京.

Keller, Holly (1998) *Brave Horace*, Greenwillow Books, New York.
『かいじゅうなんかこわくない』すえよしあきこ（訳）(2002) BL 出版，東京.

Keller, Holly (2002) *Farfallina & Marcel*, Greenwillow Books, New York.
『ファルファリーナとマルセル』河野一郎（訳）(2006) 岩波書店，東京.

Knudsen, Michelle (text) & Hawkes, Kevin (illustration) (2006) *Library Lion*, Candlewick Press, Cambridge, Massachusetts.
『としょかんライオン』福本友美子（訳）(2007) 岩崎書店，東京.

Lionni, Leo (1969) *Alexander and the Wind-Up Mouse*, Alfred A. Knoph, New York.
『アレクサンダとぜんまいねずみ』谷川俊太郎（訳）(1975) 好学社，東京.

Lobel, Arnold (1971) *Frog and Toad Together*, Harper Trophy, New York.
『ふたりはいっしょ』三木卓（訳）(1972) 文化出版局，東京.

London, Sara (text) & Arnold. Ann (illustration) (1997) *Firehorse Max*, HarperCollins, New York.
『しょうぼう馬のマックス』江國香織（訳）(1998) 岩波書店，東京.

Lucas, David (2004) *Halibut Jackson*, Alfred A. Knoph, New York.
『カクレンボ　ジャクソン』なかがわちひろ（訳）(2005) 偕成社，東京.

Lucas, David (2005) *Nutmeg*, Alfred A. Knopf, New York.
『ナツメグとまほうのスプーン』なかがわちひろ（訳）(2006) 偕成社，

東京.

Lucas, David (2006) *Whale*, Alfred A. Knopf, New York.

　『くじらのうた』なかがわちひろ（訳）(2007) 偕成社，東京.

Lucas, David (2008) *The Lying Carpet*, Andersen Press, London.

　『ほらふきじゅうたん』なかがわちひろ（訳）(2009) 偕成社，東京.

Lucas, David (2009) *Cake Girl*, Andersen Press, London.

　『魔女とケーキ人形』なるさわえりこ（訳）(2010) BL 出版，東京.

Lucas, David (2011) *Christmas at the Toy Museum*, Walker Books, London.

　『おもちゃびじゅつかんのクリスマス』なかがわちひろ（訳）(2012) 徳間書店，東京.

McCloskey, Robert (1941) *Make Way for Ducklings*, The Viking Press, New York.

　『かもさんおとおり』わたなべしげお（訳）(1965) 福音館書店，東京.

McMenemy, Sarah (2005) *Jack's New Boat*, Walker Books, London.

　『ジャクの　あたらしい　ヨット』石井睦美（訳）(2005) BL 出版，東京.

Montgomery, Lucy M. (1992) *Anne of Green Gables*, Yearling Classic, New York.

　『赤毛のアン』村岡花子訳（村岡美枝補訳）(2008)（新潮文庫），新潮社，東京.

Murphy, Mary (2001) *Koala and the Flower*, Roaring Brook Press, Brookfield, Connecticut.

　『コアラとお花』ひだかみよこ（訳）(2001) ポプラ社，東京.

Pfister, Marcus (1995) *Rainbow Fish to the Rescue!*, J. Allison James (tr.) North-South Books, New York.

　『にじいろの　さかな　しましまを　たすける！』谷川俊太郎（訳）(1997) 講談社，東京.

Rey, Hans A. (1941) *Curious George*, Houghton Mifflin Company, Boston.

　『ひとまねこざるときいろいぼうし』光吉夏弥（訳）(1966) 岩波書店，東京.

Sendak, Maurice (1963) *Where the Wild Things Are*, Harper Collins, New York.

　『かいじゅうたちのいるところ』じんぐうてるお（訳）(1975) 富山房，

東京.

Shulevitz, Uri (2006) *So Sleepy Story*, Farrar Straus & Giroux (J), New York.

『ねむい ねむい おはなし』さくまゆみこ（訳）(2006) あすなろ書房，東京.

Steig, William (1976) *The Amazing Bone*, A Sunburst Book, New York.

『ものいうほね』せたていじ（訳）(1978) 評論社，東京.

Varley, Susan (1984) *Badger's Parting Gifts*, Lothrop, Lee & Shepard Books, New York.

『わすれられない おくりもの』小川仁央（訳）(1986) 評論社，東京.

Williams, Garth (1958) *The Rabbits' Wedding*, HarperCollins, New York.

『しろいうさぎとくろいうさぎ』まつおかきょうこ（訳）(1965) 福音館書店，東京.

Yolen, Jane (text) & Schoenherr, John (illustration) (1987) *Owl Moon*, Philomel Books, New York.

『月夜のみみずく』くどうなおこ（訳）(1989) 偕成社，東京.

Zion, Gene (text) & Graham, Margaret B. (illustration) (1956) *Harry the Dirty Dog*, HarperCollins, New York.

『どろんこハリー』わたなべしげお（訳）(1964) 福音館書店，東京.

Zolotow, Charlotte (text) & Craig, Helen (illustration) (1987) *The Bunny Who Found Easter*, Houghton Mifflin Company, Boston.

『うさぎの だいじな みつけもの』松井るり子（訳）(1998) ほるぷ出版，東京.

『CD-ROM 版 新潮文庫の 100 冊』(1995) 新潮社，東京.

索　　引

1. 索引は事項，語句，人名出典に分けてある。それぞれ，日本語はあいうえお順，英語はABC順に並べてある。
2. 数字はページ数を示す。なお，頻繁に用いられている項目については，主だって用いられている箇所のみの数字をあげてある。

事　項

[あ行]

アトム的自己感　148, 154
生きた時間　42
一瞬の今　109
今の一瞬　6
右脳（非言語脳）　5, 68, 120
エージェント重視　116
エコロジカルセルフ　15
凹型文化　148
オノマトペ　67-69
オフ・ステージ　78
オン・ステージ　78

[か行]

紙芝居的手法　58, 59
感覚・感情体験　37, 63, 75, 123
感覚・感情表現　64, 79
感覚体験　131, 133, 135, 141, 144
感覚体験的　4, 116, 127, 131
感覚的表現　123

感情音　68
感情体験　64
感情表現　64, 79
感性　116
擬態語　68
機能主義的視点　57
客観的把握　2, 9
共感　64, 149, 150
共感性　170
共感体験　63, 123, 144
共通感覚体験　70
共通視覚体験　145
共通知覚体験　150
共同注意（joint attention）　143, 145, 149
共話　146
空間指示　40, 41
結果型　158
結果志向　6, 49, 85, 110
結果分析志向　84, 85
結果表現　107
元型的な体験の構図　56
言語脳　68
現象文　90

201

現場依存の自己規定
現場性　86, 91
現場の一瞬　6
個　152
交感的機能　146
個人文化　142, 150
コト　4, 5
ご当地ソング　173
コト志向　4, 120, 137
コト的事象　7
コト的事象の知覚的認識　5
コト的世界観　5, 6
コト的体験　136
コト的体験的把握　138
コト的知覚体験の事態把握　172
コト的伝達　136
コト的人間関係　155
コト的把握　4
コト表現　96
好まれる言い回し　105
好まれる画像　121

[さ行]

左脳（言語脳）　5, 68, 120
参照点構造　57
視覚　14, 119, 122, 138, 142
視覚型文化　137, 138, 139, 142
視覚・感覚体験　65, 66
視覚空間的　79
視覚性　17, 37, 63, 104, 139
視覚体験　16, 20, 38, 63, 131, 135,
　138
視覚体験の共有　143, 146
視覚の優位性　18

四季　172
自己感　154, 155
自己投入　70
指示詞　39
私小説　174
事象の推移　50
自然的な次元　174
事態の感知　63
実現直前の一瞬　103
視点　3, 37, 41, 59, 87, 135
集団　152
集団志向　12
集団内の共感　12, 150
集団の構成要員との関係　148
集団文化　142, 150
主観的把握　2, 9
主体移動表現　112
瞬時　85, 97
瞬時性　109
瞬時のプロセス　101
瞬時のプロセス体験　97
情意　144, 146, 147
情意性　144, 145
情意のやり取り　147
商品重視　116
進行・継続　85, 97
身体性　37
身体的インタラクション　43, 46
心的体験　64, 72
推移性　63
推移体験　63
推移の結果　44
推移の持続　44
推移表現　42
垂直型　148

索 引　203

水平型　148
数字の流れ　165
静止画像　105
西洋的社会の構成　149
西洋文化　148
全体を見渡せる視点　165
相同性　12
相同的　96

[た行]

体験　63
体験性　85, 97, 135
体験的　42, 103
体験的事態把握　67, 71
体験的把握　2, 4, 120, 138, 142,
　148
体験的把握による認知　64
体験名詞　27, 142
体験用法　31
タタミゼ効果　184
知覚感覚体験　3, 4, 126
知覚感覚的なコトの把握　6, 9
知覚感覚的把握　3
知覚体験　4, 37, 71, 131, 143
知覚体験性　109
知覚体験による把握　4
知覚体験の共有　151
知覚的・感覚的　120
知覚的認識　67
知覚と認識が融合した認知　3, 4,
　37, 64, 78, 119, 122, 130, 145
知性　116
地名　129, 173
直接話法　79, 82

つながりの自己感　148
罪の文化　148
天才型　161
伝達動詞　79, 82
統合的スキーマ　10
時の推移　42, 43, 47, 50, 88
時の流れ　60, 162, 164, 165
途中　85, 110
途中の過程　112
凸型文化　148
努力型　161

[な行]

日本的社会の構成　148, 149
日本文化　137
認知状況の継起　51
脳内現象　5, 8, 12, 120, 144

[は行]

場　3, 4, 7, 123, 125, 137
背景画像　119, 120, 126, 128, 133
背景情報　9, 10, 11
背景描写　120, 132, 138
恥の文化　148
場所　3, 172, 173
場面外　37, 38, 56, 57, 61, 116
場面外視点　3, 41, 57, 77, 116, 120,
　122, 135
場面志向　159
場面内　37, 38, 57, 61, 87, 116
場面内視点　3, 14, 26, 41, 77, 89,
　116, 122, 141
非言語脳　68

プロセス型　158
プロセス志向　6, 7, 85, 110
プロセス体験　37, 91
プロセス体験志向　84, 85
文化心理学　9
分析性　85, 135
分析的　9
分析的思考様式　9, 125
分析的事態把握　71
分析的把握　2, 4, 10, 122, 148
平面性　51
平面的　51, 53, 57, 59
平面的視点　61
包括的　9
包括的思考様式　9, 125

[ま行]

見え　14, 140
見えているまま　5, 6, 12, 79, 120, 123
ミシガン・フィッシュ課題　9
道　137
未来志向　49
未練　138, 167
無界　180
無界的　160, 180
メタ認知　3, 68, 78, 145
モノ　5
モノ志向　4, 120
モノ的世界観　5, 6
モノ的伝達　136
モノ的人間関係　155
モノ表現　96

[や行・ら行・わ行]

有界　180
有界的処理　161
余情　144
余情感　171
離散的スキーマ　10
立体性　51
立体的　51, 59
立体的視点　61
臨場感　74
臨場性　86, 91
臨場的　6, 50, 103
類像性　50
連句　175
連続性　50, 57
連続的　51, 53, 59
論理的関係　57

[英語]

agent-orientaiton　116
Dモード　2, 9, 113
Figure/Ground 認知　5, 6, 9, 11, 120, 123
emotion　71, 130
emotional　133
Iモード　2, 9, 113
joint attention　143, 175
KY（空気が読めない）　149
Oモード　18
phatic communion　146
scene-orientation　116
Sモード　18

語 句

[あ行]
言いかける　99
色　32-33, 142
後ろ姿　35-37
驚いた　74-78
面持ち　31

[か行]
顔　26-29, 142
～かかる／かける　98-100

[さ行]
姿　33-37
星霜　73, 74, 145
そうに・ように　64-67
～そうだ　103-105

[た行]
つづいて・つぎからつぎへ・つぎ
　つぎに　94-97
続いている　91-92
続く　86-89
面（つら）　31-32, 142
ている　89-94
ところ　105-107
途中　110-112

[な行]
仲間　150, 151
なる　42-43

[は行]
びっくりした　74-78

[ま行]
見える　14-19
見おさめ　25
見知らぬ　24
見知らぬ人　24
見せしめ　25
見なれた　24
みちがえるほど　24
見ばえ　25
見るかげもなくなった　24
見ると・見て　19-21
見る見る・目の前に　21-23
面　31

[や行]
やがて　43-50
夕闇　73, 74, 145
～ようとする　100-103

about　102
almost　104, 105, 106
as if　105
at last　44, 45
at length　44
be about to　102, 107-109
be -ing　91
before the end　112
continue　86
eventually　43, 44
finally　43, 44, 50, 96
keep ～ing　86
nearly　105
S1 と，S2　51-56
S1, but S2　52-53, 56
S1 to do S2　53-54, 56

S1 until S2　54, 56
said　81
see　15-16
soon　45
stranger　24
surprised　75
then　45
until　86, 107
When S1, S2　51-52, 56

人名出典

［あ行］
阿久悠　173, 181
足利俊彦　116
荒木博之　158
有馬道子　140
池上嘉彦　2, 12, 56, 63, 70, 96, 116
池上嘉彦・守屋三千代　14, 105,
　　145, 146
石田英一郎　180
板坂元　162
井出祥子　145, 146
井上忠司　142
大井玄　154
大石久和　145, 147, 154
大津栄一郎　12, 144
岡智之　3, 5
小笠原泰　5, 140
尾野治彦　51, 90, 122, 127, 128

［か行］
影山太郎　61, 112
葛飾北斎　163

加藤周一　172, 175
金谷武洋　159
熊谷高幸　64, 143, 149, 170
熊倉千之　145, 184
北林利治　18
近藤いね子　48, 49, 50, 54, 87
金野空子　139

［さ行］
坂部恵　143
鈴木孝夫　142, 150
施光恒　155
瀬戸川猛資　127
宗宮喜代子　78

［た行］
武本昌三　31
多々良直弘　160
角田忠信　67, 68, 178
坪本篤朗　50, 51, 56
寺田寅彦　177

［な行］
中島信夫　51
中村明　170
中村雄二郎　181
中村芳久　2, 43, 112, 113
鍋島弘治朗　18
新形信和　176
西部邁　147
野村益寛　6

［は行］
芳賀綏　140, 147, 176
濱田英人　3, 5, 8, 41, 57, 90, 120,

143

東山魁夷　159-160

久泉鶴雄　60, 61

ビナード, アーサー　59

廣瀬幸生　2

深田智・仲本康一郎　9

藤田英時　155

藤田敏雄　160

藤本敏之　6

ベネディクト, ルース　148

ベルク, オギュスタン　141, 151,
　164

本多啓　15, 17

[ま行]

前田有一　152

巻下吉夫　51

牧野成一　136, 139, 141, 150, 169,
　170, 175

増田貴彦　8, 142, 149, 155

松下秀憲　109

水谷信子　146

メイナード泉子・K.　181

森田良行　43, 51, 64, 66, 74, 75, 98

[や行・ら行・わ行]

安井稔　51

山梨正明　10

山本哲士　148

山本雅子　90

吉田精一　173

吉村公宏　11

リースマン　162

鷲田康　158

和辻哲郎　175

Banfield, A.　71

Hinds, J.　48

Ikegami, Y.　4

Maynard, S. K.　116

McClellan, E.　48, 49, 93

Pinnington, A. J.　161

Seward, J.　150

Tsukawaki, M.　122

初出一覧

第 1 章： 「日本語の「知覚体験表現」と英語の「分析表現」――日米の映画ポスターにみる「体験性」と「分析性」に関連して――」2015 年『函館英文学』54 号，1-32.

第 2 章： 「〈顔〉を表す視覚的体験名詞をめぐって――対応する英語表現との対比の観点から――」2012 年『北海道武蔵女子短期大学紀要』第 44 号，1-59.
「日本語の体験的把握に表れる〈視覚性〉〈感覚・感情性〉〈共感性〉」2014 年『北海道武蔵女子短期大学紀要』第 46 号，1-83.

第 3 章： 「絵本における日英語の推移表現の比較――〈臨場的スタンス〉と〈外置的スタンス〉の観点から――」2008 年『北海道武蔵女子短期大学紀要』第 40 号，37-99.
「〈臨場的スタンス〉がとる推移的表現について――絵本における英訳との対比を通して――」2008 年『日本語用論学会・第 10 回大会発表論文集』第 3 号（2007），343-346.
「「S1 と，S2」と「やがて」における「体験性」をめぐって――対応する英語表現と比較して――」2011 年『英文学研究　支部統合号』第 3 巻，29-46.

第 4 章： 「日本語の体験的把握に表れる〈視覚性〉〈感覚・感情性〉〈共感性〉」2014 年『北海道武蔵女子短期大学紀要』第 46 号，1-83.

第 5 章： 「事象の事態把握における日本語の〈プロセス体験志向〉表現について――対応する英語の〈結果分析志向〉表現との対比の観点から――」2015 年『北海道武蔵女子短期大学紀要』第 47 号，1-75.

第 6 章： 「日英語の映画のタイトルにおける表現の違いをめぐって――「感覚のスキーマ」と「行為のスキーマ」の観点から――」2004 年『北海道武蔵女子短期大学紀要』第 36 号，63-110.
「日本語の「知覚体験表現」と英語の「分析表現」――日米の映画ポスターにみる「体験性」と「分析性」に関連して――」(＝第 1 章)

第 7 章： 「事態把握のあり方と文化の関連性をめぐって」2017 年『函館英文学』第 56 号，13-46.

尾野　治彦　（おの　はるひこ）

　北海道大学大学院文学研究科英米文学専攻博士後期課程退学。現在，北海道武蔵女子短期大学名誉教授。

　主な業績：「進行形についての覚え書き―be going to と will の比較に関連して―」(『函館英文学』第 29 号，1990)，「認識・発見文における「ル」形と「タ」形」(『英語学と現代の言語理論』葛西清藏編，北海道大学図書刊行会，1999)，「知覚動詞補文の do 形と doing 形の使い分けをめぐって―知覚動詞補文の使い分けをめぐって―」(『英語語法文法研究』第 8 号，2001)，「心的態度の表れとしての do 形と doing 形―知覚動詞補文の使い分けをめぐって―」(『英語青年』4 月号，2002)，「小説における補文標識「の」「こと」の使い分けについて―語り手の心的態度の観点から―」(『日本語科学』第 15 号，2004)，"On the semantic difference between the do-form and the doing-form in perception verb complement: from the viewpoint of 'perception' and 'cognition'" (*Journal of Pragmatics* 36.3, 2004)，"On the speaker(narrator)'s mental attitude as a factor for the selection of the Japanese complementizers *no* or *koto*: A reply to Suzuki (2000)" (*Journal of Pragmatics* 37.12, 2005)，「〈臨場的スタンス〉がとる推移的表現について―絵本における英訳との対比を通して―」(『日本語用論学会・第 10 回大会発表論文集』第 3 号 (2007)，2008)。

「視点」の違いから見る
日英語の表現と文化の比較　　　　<開拓社　言語・文化選書 75>

2018 年 6 月 20 日　　第 1 版第 1 刷発行
2023 年 8 月 26 日　　　　　　第 2 刷発行

著作者　　尾 野 治 彦
発行者　　武 村 哲 司
印刷所　　日之出印刷株式会社

発行所　　株式会社　開 拓 社
〒112-0013　東京都文京区音羽 1-22-16
電話　(03) 5395-7101 (代表)
振替　00160-8-39587
http://www.kaitakusha.co.jp

© 2018 Haruhiko Ono　　　　　　　　　　ISBN978-4-7589-2575-4　C1380

JCOPY <出版者著作権管理機構　委託出版物>

本書の無断複製は著作権法上での例外を除き禁じられています。複製される場合は，そのつど事前に，出版者著作権管理機構 (電話 03-5244-5088，FAX 03-5244-5089，e-mail: info@jcopy.or.jp) の許諾を得てください。